aruco

JN051808

こんどの旅行も、みんなと同じ、お決まりコース？

「みんな行くみたいだから」「なんだか人気ありそうだから」
とりあえずおさえとこ。そんな旅もアリだけど……
でも、ホントにそれだけで、いいのかな？

やっと取れたお休みだもん。
どうせなら、みんなとはちょっと違う、
とっておきの旅にしたくない？

『aruco』は、そんなあなたの
「プチぼうけん」ごころを応援します！

★女子スタッフ内でヒミツにしておきたかったマル秘スポットや穴場のお店を、
　思いきって、もりもり紹介しちゃいます！

★観ておかなきゃやっぱり後悔するテッパン観光名所 etc. は、
　みんなより一枚ウワテの楽しみ方を教えちゃいます！

★「ロンドンでこんなコトしてきたんだよ♪」
　帰国後、トモダチに自慢できる体験がいっぱいです。

そう、ロンドンでは、もっともっと、新たな驚きや感動が私たちを待っている！

さあ、"私だけのロンドン"を見つけに
プチぼうけんに出かけよう！

arucoには、
あなたのプチぼうけんをサポートする
ミニ情報をいっぱいちりばめてあります。

地元の人とのちょっとしたコミュニケーションや、とっさに役立つひとこと会話を、各シーンに織り込みました☆

知っておくとトクする情報、アドバイスetc.をわかりやすくカンタンにまとめてあります☆

女子ならではの旅アイテムや、トラブル回避のための情報もしっかりカバー☆

右ページのはみだしには編集部から、左ページのはみだしには旅好き女子の皆さんからのクチコミネタを掲載しています☆

プチぼうけんプランには、予算や所要時間の目安、アドバイスなどをわかりやすくまとめています。

■発行後の情報の更新と訂正について
発行後に変更された掲載情報は、『地球の歩き方』ホームページの本書紹介ページ内に「更新・訂正情報」として可能なかぎり最新のデータに更新しています（ホテル、レストラン料金の変更などは除く）。旅行の前にお役立てください。
URL www.arukikata.co.jp/travel-support/

物件データのマーク

マーク	意味
🏠	住所
🏠	その他の店舗
🕐	営業時間、開館時間
休	休館日、定休日
料	料金、入場料、予算
交	交通アクセス
予	予約の必要性
☎	電話番号
FAX	ファクス番号
Free	フリーダイヤル

マーク	意味
URL	ウェブサイトアドレス
✉	eメールアドレス
Card	クレジットカード
A	アメリカン・エキスプレス
D	ダイナースクラブ
J	ジェーシービー
M	マスター
V	ビザ
室	部屋数
🚇	地下鉄

別冊MAPのおもなマーク

ⓘ	ツーリストインフォメーション
Ⓡ	レストラン
Ⓒ	カフェ

マーク	意味
Ⓢ	ショップ
Ⓗ	ホテル
Ⓔ	エンターテインメント

本書は2022年10月〜2023年2月の取材に基づいています。商品情報などは取材・執筆時点のものです。ご旅行の際は必ず現地で最新情報をご確認ください。また掲載情報による損失などの責任を弊社は負いかねますのであらかじめご了承ください。

ロンドンでプチぼうけん！
ねえねえ、どこ行く？なにする？

観光にグルメにお買い物。

うーん、やりたいことはキリがない！

ココ行っておけばよかった、

あれ食べとけばよかった……

そんな後悔をしないように、

ピピッときたものにはハナマル印を付けておいて！

会いに
きてネ！

クール＆ラブリーな
ロンドンが
待ってるのだ！

4

話題のティールームへ行ってみよう！
アリスのアフタヌーンティーもあるよ　P.22 →

名画の宝庫も無料！
お得にロンドン巡り!!　P.20 →

最旬ロンドンも
しっかり
カバーしましょ♪

エッ！あの映画のロケも？
パディントンもいるよ♡　P.34 →

マーケット探検へGo！
どんな出会いがあるかワクワク　P.44 →

やっぱり乗ってみたい！
赤いバスでロンドン巡り　P.40 →

空飛ぶ車に乗って
ハリポタワールドへ出かけよう！　P.28 →

王室の居城が立つ
ロイヤル・ウィンザーへ　P.52 →

ワガママなおなかを満たす
おいしいロンドン見っけ☆

ハイハイ、
ダイエットは
帰ってから！

イギリスの肉料理は
食べる価値あり☆
P.88 →

しっとり or サクサク？
人気のスコーンを食べ比べ！
P.92 →

野菜もいっぱい！
ヘルシーでおいしいんだって
P.96 →

帰りたく
ないなぁ！

ロンドンらしい
サンドイッチが大集合！
P.100 →

このときばかりはレディに変身！
セレブシェフの料理に舌鼓
P.106 →

油っぽくない！！
こんなフィッシュ＆チップスもあるんだ
P.90 →

“運命の出会い”がありすぎ〜!
ピピッときたらとりあえず買っちゃえ!

イギリス雑貨の
トリコに
なっちゃうの
わかるわかる!

気品あふれる F&M で
ちょっといいおみやげ探しましょ!　　P.114 →

I love リバティプリント!
色も柄も乙女心をくすぐるわ〜☆　　P.116 →

お手頃値段のカワイイ雑貨たち
ついつい買いすぎちゃいそう!　　P.120 →

陶器好きなら大満足!
かわいいお宝をゲットして!!　　P.136

自分らしい香り
見つけてみよう!　　P.152

歩けば歩くほど見えてくる!
本当のロンドンを探しに行こう!!

ロンドンの中心にある
歴史と伝統の美術館で名画鑑賞♪　　P.158 →

大人気のベストビュー!
テムズ河南岸をおさんぽ☆　　P.160 →

ビンテージも♡
イーストエンド探検　　P.162 →

Contents

Let's go!

巻末　"取りはずせる"別冊MAP

便利だね！

ざっくり知りたいロンドン基本情報

これだけ知っておけば安心だね

お金のコト

通貨・レート

£1(ポンド) = **約164円** (2023年4月現在)
イギリスの通貨単位は£（ポンドPound。正しい発音は"パウンド"）と
p（ペンスPence）。

両替 手数料にも気をつけよう

円からポンドへの両替は、空港や町なかの銀行、両替所ででき
る。手数料は必ず両替前に確認したい。大部分の店ではクレ
ジットカードが利用でき、現地ATMでのキャッシングも可能
（金利には留意を）。

チップ 感謝の気持ちとして

レストランの料金にサービス料（12〜15％くら
い）が含まれている場合、チップは不要。レシー
トで確認してから支払いを。高級レストランでは
食事代の15％程度が目安。

物価 交通費はパスを使っても日本より高め。外食も日本より高い

（例： (500ml)=£1前後、 初乗り£3.80〜、
 =交通パスの1日上限金額£8.10〜、 =£12〜）

お金について詳細はP.184をチェック！

ベストシーズン 4月から9月頃

ロンドンの気候はだいたい東京の四季に合わせて考えるといい。春の訪れが感じ
られるのは4月頃。乾燥しているので、夏はさわやかだが、最近では暑くなる日も
ある。秋の訪れは東京よりも早く、11月はもう冬。天気が変わりやすく、夏でも
朝晩は冷え込む日があるので、1年を通して雨具と長袖の上着を用意しておきたい。

6〜8月は21時頃まで明るいよ！

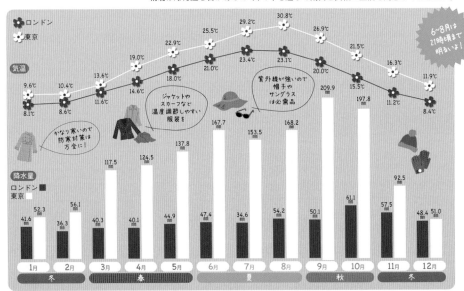

ロンドン
東京

気温

9.6℃ 10.4℃ 13.6℃ 19.0℃ 22.9℃ 25.5℃ 29.2℃ 30.8℃ 26.9℃ 21.5℃ 16.3℃ 11.9℃
8.1℃ 8.6℃ 11.6℃ 14.6℃ 18.0℃ 21.0℃ 23.4℃ 23.1℃ 20.0℃ 15.5℃ 11.2℃ 8.4℃

かなり寒いので防寒対策は万全に！

ジャケットやスカーフなど温度調節しやすい服装を

紫外線が強いので帽子やサングラスは必需品

降水量
ロンドン
東京

167.7 153.5 168.2 209.9 197.8
117.5 124.5 137.8 92.5
41.6 52.3 36.3 56.1 40.3 40.1 44.9 47.4 34.6 54.2 50.1 61.1 57.5 48.4 51.0

1月 2月 3月 4月 5月 6月 7月 8月 9月 10月 11月 12月
冬　春　夏　秋　冬

データ：気温は最高気温の月平均値　東京：気象庁　イギリス：Met Office

日本からの **飛行時間**	**直行便で約12時間** 2023年4月現在、ロシア上空回避のため約15時間。	**ビザ**	**6ヵ月**以内の観光は**必要なし** パスポート有効残存期間＝滞在日数以上。余裕があると望ましい。

時差

−9時間（サマータイム実施期間は−8時間。2023年：3/26～10/29　2024年：3/31～10/27）

日本	8	9	10	11	12	13	14	15	16	17	18	19	20	21	22	23	0	1	2	3	4	5	6	7
ロンドン	23	0	1	2	3	4	5	6	7	8	9	10	11	12	13	14	15	16	17	18	19	20	21	22
ロンドン(サマータイム)	0	1	2	3	4	5	6	7	8	9	10	11	12	13	14	15	16	17	18	19	20	21	22	23

言語	**英語**	**旅行期間**	**5泊7日以上が望ましい**

交通手段 　**地下鉄、バスが便利**

詳細はP.179～ →

1月1日のニュー・イヤーズ・デイには、ロンドン市内を楽団がパレードしながら練り歩くよ

2023～24年の祝日

1月1日	ニュー・イヤーズ・デイ New Years Day
4月7日	グッドフライデイ Good Friyday ※2024年は3月29日
4月9日	イースター Easter ※2024年は3月31日
4月10日	イースター・マンデイ Easter Monday ※2024年は4月1日
5月1日	アーリー・メイ・バンクホリデイ Early May Bankholiday ※2024年は5月6日
5月29日	スプリング・バンクホリデイ Spring Bankholiday ※2024年は5月27日
8月28日	サマー・バンクホリデイ Summer Bankholiday ※2024年は8月26日
12月25日	クリスマスデイ Christmas Day
12月26日	ボクシングデイ Boxing Day

スコットランドや北アイルランドとは、祝日が異なる部分もある。
年によって異なる移動祝日（※）は、毎年日にちが変わるので注意！
土・日曜と祝日が重なる場合は、その翌日が振替休日となる。2023年
はチャールズ国王戴冠式のため5月8日は祝日。

ふ〜ん
知らなかったなぁ

英語の国だけど

ロンドンといえば、みんなクイーンズイングリッシュで、英語ペラペラ〜というイメージ。でもロンドンは人種のるつぼだから、いろんな国から来た人がいっぱい。英語がそんなに得意じゃない人や、お国なまりが強い英語を話す人も多い。だから気後れしないで、わからなかったら、日本語なまりでいいので、きちんと聞き直そう。

日付の書き方

イギリスと日本では年月日の書き方が異なるので注意しよう。日本と順番が違い、「日・月・年」の順で記す。例えば、「2020年12月11日」の場合は、「11/12/2020」と書く。「8/12」などと書いてあると、日本人は8月12日だと思ってしまうが、これは12月8日のこと。

祝日の営業

日曜や祝祭日にも営業する店が増えているが、営業時間が平日より短いので、事前にチェックしておきたい。12月25日は多くの店が休業し、イースター前後やクリスマス前〜新年あたりの営業は、店によって違うし、直前の休業や変更もよくある。この時期に出かける人は、行きたい店の情報を確認しておこう。

ロンドンの詳しいトラベルインフォメーションは、P.174～をチェック！ →

3分でわかる！
ロンドンかんたんエリアナビ

ロンドンは大都市だ。テニス大会が開催されるウィンブルドンなどを含む、グレーターロンドンは40km四方にもなる。観光の中心といえるセントラルロンドンで15km×9kmほど。見どころはテムズ河の北側に多いけど、テムズ南岸も散策するのが気持ちのよいエリア。街歩きに出かける前に、おもなエリアの位置と特徴をおさえておこう！

★A 一度は足を運んでしまう
ウエストエンド周辺
Soho〜Covent Garden

ショッピング、グルメ、エンターテインメントの中心地で、朝から晩まで人通りが絶えない。劇場街や中華街もあり、最旬のショップが店を構える。ピカデリー・サーカスやトラファルガー広場もこのエリア。

ウエストエンドでエネルギーチャージ！ → P.158
裏道&小道が楽しい！ サヴィル・ロウ界隈 → P.166
迫力のミュージカル → P.80

★B いちばんイギリスらしいエリア
バッキンガム宮殿から
ウェストミンスター
Buckingham Palace〜Westminster

衛兵の交替式が行われるバッキンガム宮殿、テムズ河沿いの国会議事堂、ウェストミンスター寺院と、歴史ある見どころ満載のエリア。衛兵交替式の後、セント・ジェームズ・パークに行けばリスに会えるかも。

ベストショット撮影隊！ → P.38

★C 博物館を中心にしたエリア
大英博物館周辺 British Museum

世界中から集めた遺産が詰まった大英博物館を中心とするエリア。ロンドン大学のカレッジが点在するためか、学生の姿が目につく。この周辺はホテル街にもなっている。

大英博物館攻略法 → P.70

N

いろんなお店があるのよ

リージェンツ・パーク D

ボートもあるし乗馬だって楽しめるよ！

ハイド・パーク

ヒースロー空港まで約24km

V&Aミュージアム ※

バッキンガム宮殿 ※

ぼくも大空をおさんぽ

テムズ河

★D 公園の南と北に見どころあり
リージェンツ・パーク周辺
Regent's Park

シャーロック・ホームズが難事件を解決した拠点ベーカー・ストリートや、有名人に出会うことができるマダム・タッソーろう人形館がある。公園北側のセレブも住むというプリムローズ・ヒル、マーケットがあるカムデン巡りも楽しい。

バラが見事なリージェンツ・パーク → P.82
雑貨を探しにカムデン・ロックとプリムローズ・ヒルへ → P.164

12

F シティ周辺
City
セント・ポール大聖堂やロンドン塔も

スーツ姿でビシッと決めた英国紳士たちが
闊歩する、ビジネスの中心地。このあたり
を中心にロンドンの街は広がっていった。
オフィスビルの間に、ひっそりと歴史ある
ローマ時代の城壁が残っていたりする。

夕暮れ＆夜景なら → P.42
テムズ河沿いへ

シェイクスピア劇に → P.48
かぶりつき!!

アートなテムズ南岸は → P.160
歩きたいエリアNo.1

G サザーク周辺
Southwark
話題に事欠かない

2000年にテート・モ
ダンやミレニアム・ブ
リッジ、ロンドン・ア
イが続々とでき、今も
モダンなビルが建設さ
れるなど話題が多い。
シェイクスピア劇を観
ることができるグロー
ブ座もあり、河沿いは
お散歩にもってこい。

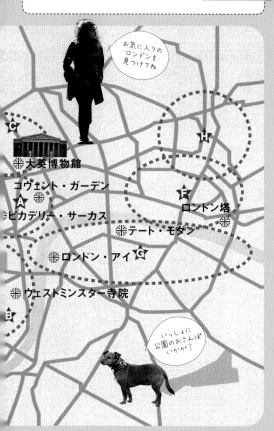

お気に入りの
ロンドンを
見つけてね

🔱 大英博物館

コヴェント・ガーデン

🔱 ピカデリー・サーカス

🔱 テート・モダン

ロンドン塔

🔱 ロンドン・アイ G

🔱 ウェストミンスター寺院

いっしょに
公園のおさんぽ
いかが？

H イーストエンド周辺
East End
下町風情と最新カルチャーがMix

かつては貧しい人が多
い地域だったが、若い
デザイナーやアーティ
ストが多く住むように
なってから、最新ファッ
ション＆カルチャーの
発信地に変貌した。
マーケットが開かれる
日に行くのが断然楽し
い！ 屋台ごはんがお
いしい〜。

人気の“イースト → P.162
エンド”探検

I ノッティング・ヒル周辺
Notting Hill
こんなエリアで暮らしてみたい!？

小さいながらも質のい
い品を扱うショップが
点在するエリア。週末
に開かれるポートベ
ロー・マーケットには、
通り沿いに数多くの屋
台が並ぶ。歩き疲れた
ら、おいしいレストラ
ンやデリカフェ、ス
コーンが食べられる店
などでひと息。

アンティークを探しにポート → P.44
ベロー・マーケットを探検

E ナイツブリッジから サウス・ケンジントン
Knightsbridge〜South Kensington
ちょっとハイソで落ち着いたエリア

ハロッズやハービー・ニコルズ、ブランドシ
ョップが並ぶナイツブリッジは、落ち着いて
買い物にはげめそう。サウス・ケンジントン
は、V&Aミュージアムのほか、自然史博物館、
科学博物館が集まるミュージアムエリア。

女子必見のお宝満載 → P.74
V&Aミュージアム

見たいとこ
いっぱい
ありすぎ〜！

13

1 伝説的なランドマークが新名所に！

バタシー・パワー・ステーションは旧火力発電所で、レコードジャケットや映画ロケでも使われた有名な建物。2022年に建物の外観や歴史的な要素を保存しながら、ショップやレストランなどを備えた複合施設としてオープンした。

バーもあるレストラン

1.ホールを囲むように2層にわたってショップやレストランが並ぶ　2.ショップ上部にあるかつてのコントロールルームを改装したレストラン　3.4本の塔のひとつに登ってロンドンのスカイラインを見渡せる

バタシー・パワー・ステーション Battersea Power Station

Map 別冊P.6-B3　バタシー

🏠 Circus Rd. West, Nine Elms, SW11 8AL　☎020.8176 6500　🕐月〜土10:00〜20:00（金・土〜21:00）　日12:00〜18:00　各物件の開館時間は異なることもある
🚇⊖Battersea Power Stationより徒歩5分　URL batterseapowerstation.co.uk

1.ホーリー・ワーフ・カムデンには小物の店やエスニック系ストリートフードの店などが並ぶ　2.ポップなバック・ストリート・マーケット

コンテナの中にショップが！

カムデン・ロック → P.164 マーケット

2 カムデン・マーケットに新しい顔が誕生

数年前から進行していた運河沿いの再開発により、2022年8月にショップやレストランなどが入る複合施設がオープン。カムデン・タウン駅近くには、コンテナを使ったバック・ストリート・マーケットBuck Street Marketもできている。

ホーリー・ワーフ・カムデン
Hawley Wharf Camden

Map 別冊P.24-B1　カムデン

🏠1 Dockray Pl., NW1 8QH　☎020.3763 9999　🕐10:00〜20:00（土9:00〜18:00）　🚇⊖Camden Townより徒歩5分　URL www.hawleywharfcamden.com

3 国王の肖像が描かれた新しい紙幣とコインが登場

エリザベス女王の崩御にともない、チャールズ国王の肖像が描かれた新しいデザインの紙幣が発表された。新紙幣は2024年半ばまでには流通する予定で、現紙幣も少しずつ交換しながら使用される。国王の肖像が彫られた50ペンス硬貨は流通を開始。

新しい硬貨のチャールズ国王は、エリザベス女王のものとは反対を向いている

お役立ちニュースから観光スポットのリニューアル、地元っ子のトレンドまで、ロンドンの最旬情報をお届けします！

> 天井が高くて優雅な空間！

4 最新！ロンドン旅行で使えるアプリ6選！

グーグルの翻訳アプリを使えばレストランのメニューも翻訳可能。Citymapperはバスや地下鉄を乗りこなすのに必須。ほかにも、レートがわかるCurrency、イギリスの天気予報Met Office、鉄道の時刻確認ならNational Rail、レストラン予約のOpenTableが便利。

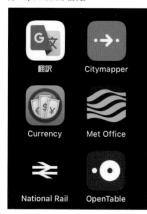

翻訳　Citymapper
Currency　Met Office
National Rail　OpenTable

ロンドンのシンボル ビッグ・ベン 修復完了！

国会議事堂の時計塔ビッグ・ベン（エリザベス・タワー）が、5年にわたる修復を終えた。時計は歯車などを解体して取り外し不具合を調整、周囲の飾りなどもきれいになった。文字盤と針も、もともとの濃紺に塗り替えられた。

> きれいになったよ！

ビッグ・ベン →P.67

5 教会がフードコートに変身！

1825年から3年の歳月をかけて建てられた歴史ある教会を、フードコートに改装したもの。荘厳な雰囲気をそのまま残しながらも、居心地のいい空間に仕上げられている。エスニックやパスタの店、カフェやバー、クラフトビールの店などが並ぶ。

メルカート・メイフェア Mercato Mayfair

Map 別冊 P.15-D2 メイフェア

🏠1 St. Mark's, North Audley St., W1K 6ZA
☎020.7403 0930 ⏰12:00～23:00（金・土～24:00、日～22:00）　コーヒー＆朝食10:00～12:00
🚇⊖Bond St.より徒歩5分　🔗mercatometropolitano.com/mercato-mayfair

1.天井の高いホールで食べることができる　2.タイカレーなどがあるアジアンストリートフードの店
3.奥には優雅で繊細なステンドグラスも

7 ついに開通！新路線エリザベス・ライン開通！

ロンドンの玄関口、ヒースロー空港にも接続するエリザベス・ラインが本格的に運行を開始した。中心部では地下を走り、郊外では外に出て鉄道になる。移動時間が短縮され、Wi-fi利用可でクーラーありの快適な車内。

©Transport for London

中心部のおもな停車駅：パディントン、ボンド・ストリート、トテナム・コート・ロード、リヴァプール・ストリート

ロンドン5泊7日 aruco的 究極プラン

ロンドンの定番ポイントから、今いちばん新しいスポットまで、
「アレもコレも見てみたい！」そんな欲ばり女子のために、
arucoがピックアップしたロンドン満喫プランをご紹介。

Day 1 水曜 ロンドン到着！夕方からでも出かけちゃおう

初日はひとまずホテルにチェックイン。
ガストロパブに繰り出して、祝！ロンドン到着！！

地下鉄 15分

15:00頃 ロンドン・ヒースロー空港到着

↓

18:00 ホテルにチェックイン後、アダム＆イブで
おいしい**イギリス料理**を P.89

> おしゃれな
> ガストロパブで
> Cheers!

> 早く
> 食べたい！

ホクホク

曜日別アレンジのヒント

博物館や美術館の開館日をチェック！
遅くまで開館している曜日があるのでチェックしておこう。木曜
か金曜が多いから、その日は博物館や美術館の見学を最後に回す
プランにしてもいい。

マーケットが多いのは週末
だいたい土・日曜にたくさん屋台が出るので、プランを立てる段
階で、行きたいマーケットは最初にチェックしておこう。

日曜のショッピング
日曜も営業する店が増えているけれど、営業時間が少し短い。お
昼近くから開店という店がほとんどなので、日曜にショッピング
の予定を入れる場合は午後からのほうがよさそう。

> ここが
> ロンドンの
> ヘソだよ

Day 2 木曜 定番＆おもしろスポットでやりたいことを全部やる！

イギリスといえばコレ！というものを詰め込んで
元気に、優雅に、旅を始めよう！！

9:30 **バッキンガム宮殿**到着
真剣勝負で**衛兵交替式**に挑む P.38

> うわっ、
> 本物！

間近だよ

> クリプトで
> ヘルシー
> ランチ
> P.98

徒歩 10分

12:00 ロンドンのヘソ
トラファルガー広場へ P.158

徒歩 10分

13:00 **ナショナル・ギャラリー**で
うっとり
フェルメールの絵画を鑑賞 P.77・158

地下鉄 15分

15:00 ブラウンズの**アフタヌーンティー**で
優雅なひとときを P.26

> コレ、コレ～
> 3段重ねが
> ゴージャス！

地下鉄 20分

17:00 **ロンドン・アイ**から
テムズ河沿いを一望 P.79

徒歩 25分

19:30 **シェイクスピア劇**を堪能！ P.48

> 昔のままの劇場が
> いい感じに～

Day 3 金曜
ハリポタ、アリスにライオン・キング
めくるめくファンタジーの世界へ！

ハリポタの映画ロケ地が多いオックスフォードへ。
メルヘンなアリス・ショップものぞいて、
『ライオン・キング』でフィニッシュ！

Day 4 土曜
カワイイ＆キレイを探す❤
女子ならではのラブリーDay！

ノッティング・ヒルでセレブ気分を味わったら、
ミュージアムでファッションセンスをブラッシュアップ！

列車1時間＋徒歩15分 `8:22` パディントン駅からオックスフォードへ

`9:40` **クライスト・チャーチと ボドリアン図書館で**
一気にハリポタの世界へ突入！ P.30

白いフクロウが飛んできそう♥

アリスグッズがたくさんあるよ♡

徒歩10分 `14:00` アレもコレも欲しいものいっぱい
アリス・ショップへ P.31

みんな欲しい〜

列車1時間＋徒歩15分＋地下鉄30分 `15:00` オックスフォードからロンドンへ

`16:45` **大英博物館**でルイスのチェス駒をチェック！ P.29・70

Checkmate

地下鉄15分 `18:00` ル・パン・コティディアンで
早めの夕食を P.159

軽食もあるよ

徒歩10分 `19:30` 迫力の歌と踊りを満喫！
ミュージカル『**ライオン・キング**』 P.81

心配ないさ〜！

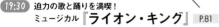

`9:00` **ポートベロー・マーケット** P.44

オットレンギでおいしいスイーツ P.112

アンティークいっぱい！

徒歩20分 `12:00` チャーチル・アームズで
タイ料理の
パブランチ P.105

徒歩10分 `13:00` **ケンジントン宮殿の**
ドレスコレクションにうっとり P.68

地下鉄20分 `14:00` **ジョー・ラブズで**
ロンドン発フレグランスをチェック P.152

どの香りにする？

地下鉄15分 `15:00` **V&Aミュージアムで**
ファッション＆ジュエリーを楽しくお勉強 P.74

ショップでおみやげGet！

地下鉄10分 `17:30` **フォートナム＆メイソンで**
おみやげ探し！ P.114

わぁ〜どれ買おう？

Day 5 日曜 イーストエンドのマーケットと
テート・モダンで
ロンドンの今を感じて！

趣向は違うけど、どちらもアーティスティック。
たくさん歩くと、ロンドンらしさがわかってくる。

9:30 **コロンビア・ロード・** P.162
フラワー・マーケットで花の香りに包まれる

優しい
気持ちに♡

地下鉄
15分
＋
ヒースロー・
エクスプレス
15分

徒歩
15分

11:00 ブリック・レーン沿いの**マーケット**へ P.162

マーケットの
屋台ごはんでランチ
P.162

ホクホク

徒歩
10分

13:30 雑貨店やスピタルフィールズで
お宝探し！

P.162
P.163

cute!

地下鉄
30分

16:00 **テート・モダン**でモダンアートに浸る
P.77

上階の眺めのいい
カフェでお茶
P.79

徒歩
15分

19:30 最後の夜は少し豪華に！ P.160
夜景を堪能してからスワンで**ディナーを**

ゆっくり夜景を
楽しんで♡

18

Day 6 月曜 帰国前のラストスパート！
ドラッグストアコスメをまとめ買い

買い忘れはない？ 朝早くから開いている
ドラッグストアなら、まだ間に合う！

8:00 ドラッグストアで P.151
プチプラコスメの
まとめ買い

ちょっと
急いで～

11:00 空港到着。昼の便で日本へ帰国

ビューン

マーケットで
こんなの
買っちゃいました！

P.162

なんでも入れられそ
うな缶BOX。コロン
ビア・ロードで

P.162

ユニオンジャックの
ラグ。スピタルフィー
ルズで

レトロなピンクがお気
に入り。ビンテージの
カップ＆ソーサー

P.162

かわいいキャンディ。
おみやげに。コロン
ビア・ロードで

P.162

テーブルに敷くのに
ちょっといい感じ。スピ
タルフィールズで
P.162

こういうジョウロが
欲しかった。コロン
ビア・ロードで

P.162

**コッツウォルズ旅行
アレンジのヒント**

マーケットが目当てなら事前に確認を
土曜開催のストラウドのマーケットに行くくつもりなら、念のため
ウェブサイトなどで日程や詳細を確認しておこう。
ストラウドのマーケット情報
(URL)www.fresh-n-local.co.uk/trader/stroud

アクセスが難しい村へはツアーを利用して
バイブリーやカースル・クームといった小さな村へ行くローカル
バスは、とても本数が少ないので、ツアーを使うと便利。ロンド
ン発の1日ツアーを調べて予約しておくといい。

憧れの英国で
特別を叶える！

ワクワクする
ロンドンを見つけに！
プチぼうけんへ出発

定番ばっかじゃ物足りない。
そんな欲ばりさんのために見つけてきました！
aruco厳選のとっておきプチぼうけん。
こだわりのテーマ＆郊外の楽しみも入れた12のプランで
一気にロンドン通になっちゃって☆

LET'S GO!

プチぼうけん①

お金をかけずにこんなに楽しめる！
無料天国ロンドン&得旅テクを総まとめ

物価が高いロンドンだけど、上手に節約することも可能。見どころからイベントまで、よ〜く探してみたら、無料なのに楽しそうな場所、たくさん見つけちゃいました。

0

ここもあそこも入場無料！
博物館&ギャラリーへ

ロンドンを代表する博物館やギャラリーが入場無料なのはうれしいかぎり。どこも見応えありなので、ぜひ旅の計画に加えてみて。

ここが無料なんて！

エジプトのラムセス2世像

大英博物館 →P.70

イギリスを代表する巨大博物館。世界中の考古学遺産が集まっている。無料だが余裕がある人は入口の寄付箱に寄付を。

 博物館やギャラリーへ

TOTAL 各1〜2時間		
オススメ時間 午前中	予算	無料

夕方以降に開いている日もある！
大英博物館、ナショナル・ギャラリー、V&Aミュージアムでは、金曜のみ遅い時間まで開館している。一部閉まっている部屋もあるが、ほかの見どころが閉館したあとでも見学可能。

V&A ミュージアム

女子度満点のミュージアム。ファッションやジュエリー、舞台衣装などのほか、質の高い工芸品や絵画などが集められている。

→P.74

自然史博物館

恐竜の展示が大人気。広々とした入口の正面奥にはダーウィンの像も。動植物から地質まで膨大な展示物が集められている。

→P.77

ナショナル・ギャラリー

トラファルガー広場に面した、フェルメール、ゴッホ、セザンヌなど、世界の名画が揃う美術館。一度は訪れておきたい。

→P.77・158

今日はいい天気ね

デリでランチをテイクアウェイ

スーパーでサンドイッチや飲み物を買って

公園ランチもいいわね

1.中心部にある大きな公園は、ロンドンの人たちの憩いの場でもある 2.メイフェアにあるブラウン・ハート・ガーデンズ

得 公園やデリを使ってロンドンっ子休日気分♪

ロンドンには、あちこちに公園がある。暖かくて天気がいい日なら、スーパーでサンドイッチを買ったり、デリでテイクアウエイしたランチを食べるのもいい。

無料天国ロンドン&得旅テク

ロイヤル・フェスティバル・ホール周辺

カフェがあるホールや外部で、さまざまな催しが企画されている。無料とは思えない質が高いものも！

Map 別冊P.17-D3

URL www.southbankcentre.co.uk/venues/royal-festival-hall?

得 無料イベントがたくさん！

あちこちで無料イベントが開催されている。特に夏季や週末には、屋外イベントも多い。ウェブサイトなどで予定を確認して出かけよう。

コヴェント・ガーデン・マーケット

マーケットの周辺や内部など、あちこちで、毎日のように大道芸人たちがパフォーマンスを繰り広げている。→P.159

ストリートパフォーマンス

Map 別冊P.17-C2

URL www.coventgarden.london/street-performers

得 ミュージカルチケットをお得にGet！

最高の舞台を気軽に楽しめちゃう

劇場ごとに設定された各種割引チケットのほか、オンライン購入できるTKTSのウェブサイトでも直前になると割引チケットを販売している。→P.81

割引情報を確認できるレスター・スクエアにあるTKTS

得 移動も賢く節約！

地下鉄やバスなどは、オイスターなどの交通カードを利用すると断然お得。近郊への列車は、片道と往復の値段がほぼ同じことが多く、さまざまな割引制度がある。

カードを使うとお得！

oyster

交通パス→P.180

プチぼうけん1

21

いま話題のティールームで
アフタヌーンティーを食べヒヒべ！

ロンドンの数あるアフタヌーンティーのなかでも、「アリス」を
テーマにしたものや、凝ったスイーツのあるティールームが、
いま女子を中心に大人気！

アフタヌーンティーをいただく

TOTAL
2時間

| オススメ時間 | 12:00～18:00 | 予算 | £48～ |

どんな服装がいいの？
ホテルのティールームでは、ワンピースや
スカートなど、スマートカジュアルと呼ば
れる服装のほうが、気後れせずにすむ。

Mad
Hatters
Afternoon Tea

マッドハッターの
アフタヌーンティー

とっても
かわいい！

おすすめポイント
アリスの登場人物が描
かれた食器がかわいい。
クールなブティックホテ
ル、サンダーソンの
温室のような部屋でい
ただく。

ティールーム選びの
チェックポイントはココ！

正統派のティールームほど
値段は高くなるけど、優雅
な気分を満喫できる。これ
に対して、カジュアル系は
気楽でお値うちなのが魅
力。どちらにするか決めた
ら、紅茶やスイーツの種類
などをチェックしてみて。

食器も
オシャレ！

サンダーソン
Sanderson

食器からお菓子までアリス尽くしだ
から、物語のどんな場面で出てきた
のかを探すのも楽しみ。スコーンや
サンドイッチをおかわりできて、ボ
リュームにも満足。

Map 別冊P.16-B1 ウエストエンド

1. マッドハッターな
どアリス的な名前
がついている
2. ケーキはシーズ
ンごとに替わる
3. ルナ＆キュリア
ス→P.163特製の食
器

🏠50 Berners St., W1T 3NG
☎020.7300 5588 🕐12:00～17:00（金～
日～19:00）🈺無休 💰£48～ シャンパン付
き58～ 💳A.M.V. 👗望ましい ／スマー
トカジュアル 🚇○Goodge St.／Oxford
Circusより徒歩8分 🔗book.ennismore.
com/hotels/originals/sanderson

シェイクスピアの物語で優雅なお茶を

物語関連のスイーツ！

7. みつ蜂とはちの巣など、登場人物がモチーフのひと口スイーツたち 8,9. 定番のスコーンとサンドイッチも

1. メニューのイラストもすてき！ 2. 食器もテーマに合わせて特別に作られたもの

おすすめポイント
シェイクスピアの物語をモチーフにしたスイーツがかわいい！ふたりなら、甘いのと甘いものなしのアフタヌーンティーを半分ずつ食べれば満足度100%！

シェイクスピアをテーマにしたアフタヌーンティー。写真は「真夏の夜の夢」で、3〜4ヵ月ごとにテーマが変わる

Story of Shakespeare's Tea Party

ゆっくり楽しんでください！

落ち着いた趣のティーポット

スワン Swan

テムズ河を行き交う船を眺めながらのアフタヌーンティーはいかが？シェイクスピア・グローブ劇場併設のレストランで、価格もリーズナブル。ここは穴場！

Map 別冊P.18-B2 サザーク

3. スイートポテトのクリスプスとスティルトンチーズスコーン 4. 英国料理をちょっとずつ味見した気分になる、甘いものなしの紳士向けアフタヌーンティー「ファルスタッフ氏のアフタヌーンティー」 5. ビール入り衣のフィッシュ＆チップス 6. ソーセージロール、チキンとベーコンサンド、ウェルシュ・レアビット

🏠21 New Globe Walk, SE1 9DT
☎020.7928 9444 🕐アフタヌーンティー
12:00〜17:00 🈹1/1、12/26・27
💷£40.50 甘いものなしの「Mr. Falstaff's Afternoon Tea」も同料金 Card A.D.M.V.
🈲望ましい 🚇●London Bridgeより徒歩8分
URL swanlondon.co.uk

23

©Alistair Picture Library / Alamy

キャサリン妃もここで
お茶を飲んだのかな？

王室御用達ホテルの
ティールーム

上品な黄色で統
一された部屋

A ppointed
with the Royal
Warrant

わ～！
かわいい
ケーキ!!

優雅で
すてきなお部屋
でしょう？

ゴーリング The Goring

バッキンガム宮殿から近く、昔
から王族たちに愛用される「王室
別館」とも呼ばれる小さなホテ
ル。キャサリン妃が、婚礼前日
に滞在したことでも知られる。
優雅なひとときを過ごせそう。

最初と最後に出
る一品。この日
は、ゆで卵とシー
フードのひと口
カクテルと、ゼ
リーとクリーム
のトライフル

ジャムが先か、クリームが先か
チャールズ国王は「コーンウォー
ル公」の肩書きももっていたが、
スコーンはデヴォン式にクリー
ムを先に盛るのが好きで、コーン
ウォール人のひんしゅくを
かっている。でも、使うクリー
ムは必ずコーンウォール産なん
だとか。どちらの食べ方がおい
しいのか、デヴォン式vsコーン
ウォール式の対立は、紅茶が先
かミルクが先かという議論と同
じくらい飽かずに
続けられている。

Map 別冊 **P.22-A1** ヴィクトリア

🏠 15 Beeston Pl., SW1W OJW　☎ 020.7769 4485　🕐 The
Veranda では 12:00、12:30、15:00、15:30、17:30、18:00。
The Dining Room では±13:00、13:30、15:00、15:30
£75～　**Card** A.J.M.V.　🎩望ましい　👔スマートカジュアル
🚇 ⊖ Victoria より徒歩7分　**URL** www.thegoring.com

ふたつに
割るよ

たっぷり
盛ってね

これだけわかれば大丈夫! 簡単マナー Q&A ▶▶

1 紅茶が濃く
なってきたら？

A お湯を足してほしいと
きは「Could I have
some hot water in the
pot, please?」と聞く。紅
茶のおかわりが欲しい場合
は「May I have another
pot of tea?」と聞けばい
いけど、新たな注文になる
こともある。

2 食べきれなかったら、
お持ち帰りできる？

A その場で食べたほうが
味はいいけれど、持ち
帰りたい場合は、ケーキな
どを指さしながら「Can I
take away, please?」と
聞いてみよう。包んでくれ
る店もある。サンドイッチ
は傷みやすい具もあるの
で、当日中に食べたい。

3 サンドイッチから
食べるってホント？

A 塩味のものから食べ、
そのあと甘いものへ。
サンドイッチ→スコーン→
ケーキの順が一般的。ただ
し、カジュアル度が高い
ティールームほど、気にし
なくてもいいそう。焼き
たてのスコーンからと、す
すめられることも。

4 スコーンの
食べ方は？

A まずお皿に取って手か
ナイフで上下に切り分
けて、クロテッドクリーム
とジャムをぬる。クロテッ
ドクリームを先にぬるデ
ヴォン式と、ジャムが先の
コーンウォール式がある。
どちらにするかは好みの問
題。両方試してみる？

5 これだけは NG よ　✕

A お茶を飲むときに「ズ
ズーッ」と音をたて
るのは、絶対にNG！「ほ
かのお客さまもビックリな
音がするので……」とは、ティー
ルームのウェーターさんの
弁。他人に迷惑をかけない
のが、いちばんのマナーな
のかも？

小ぶりのスコーン
はサクサク食感

**イギリスらしい
優雅な空間で**

おすすめポイント
ちょっとした隠れ家とい
う感じのホテルのティー
ルーム。庭を望める部
屋かテラス席なので、
ゆったりとしたお茶の時
間が過ごせそう。

〜はやく
食べたいな〜

紅茶をセレクト
できるよう
にサンプルも
用意してくれ
るし、シャン
パンを頼むこ
ともできる

メニューの絵
柄もすてき！

モンタギュー・オン・ザ・ガーデンズ
The Montague on the Gardens

大英博物館近くの、ヴィクトリア時代からタイムスリップした
ような雰囲気のホテル。緑に覆われた裏庭に面したテラス席で、
さわやかなアフタヌーンティータイムはいかが？　お値段もこ
の質とロケーションなら比較的リーズナブル。

Map 別冊P.11-C3　ブルームズベリー

🏠15 Montague St., WC1B 5BJ　☎020.7612 8416
🕐アフタヌーンティー13:00〜17:00　💷£55〜
CardA.M.V.　🎩望ましい　👔スマートカジュアル
🚇Russell Squareより徒歩5分
URLwww.montaguehotel.com

Elegant and
traditional

どのケーキが
お好み
ですか？

何種類もあるから、どれか
ら食べようか迷っちゃう

コッツウォルズで人気のティールームをロンドンで ▶▶

1. 窓際の席に
座れば、カ
ヴェンディッ
シュ・スクエ
アを眺めなが
らお茶できる
2. アフタヌー
ンティー

ハフキンス　Huffkins

1890年頃、コッツウォルズのバーフォードで創業。
おいしいベーカリー＆カフェ・ティールームとし
て愛されている。ロンドンでは、デパートのジョ
ン・ルイス内にあり、眺望を楽しみながら、アフ
タヌーンティーやクリームティーを楽しめる。

Map 別冊P.16-A1　ウエストエンド

🏠John Lewis 4th Floor, 300 Oxford St., W1C
1DX　☎020. 3489 4470　🕐月〜土10:00〜
17:00（土〜18:00、日12:00〜）　🚫一部の祝
CardA.M.V.　🚇Oxford Circusより徒歩3分
URLhuffkins.com

やっぱりこちらも気になる！
老舗ティールームってどうなの？

歴史あるティールームで味わう、
3段重ねのトレイに盛られたサンドイッチと数々のスイーツ。
優雅なアフタヌーンティーを食べ比べ。

紅茶がサーブされます

お茶は自分で注ぐことも。おかわりできるか、お湯を足してくれるかは、ティールームによって違う。ミルクが先か、紅茶が先かはお好みで。使ったティースプーンはカップの向こう側に上向きに置くとエレガント

Welcome!

歴史あるティールーム

ブラウンズ
Brown's

Good Tip'

残ったスコーンは、お持ち帰り用に包んでくれる。

夢にまで見た
本場のヌン活♡

Afternoon Tea

アフタヌーンティーの始まり

ヴィクトリア女王の時代に、上流階級の女性たちの社交の場として始まったといわれる。昼食（朝食）、遅い夕食という当時の食習慣から生まれたもので、観劇前の簡単な食事にもなっていた。

お砂糖

クロテッドクリーム
とジャム

ストレーナー
（茶こし）

ナプキンは
食べる前にひざにかけて！

自然光が差し込む明るいお部屋でいただくブラウンズの優雅なアフタヌーンティー

ティールームはみだし情報
ブラウンズでも、フォートナム＆メイソンでも、サンドイッチ、スコーン、スイーツともにおかわりができるから、観劇前の腹ごしらえに利用するのもおすすめ。フォートナム＆メイソンでは、ケーキトリーにのったスイーツから自由に選べて楽しいし、おいしくて幸せ〜♡

ミステリーの女王、アガサ・クリスティもこのティールームの常連だったといわれている。木造りのボードが落ち着きを感じさせてくれる部屋で、ゆったりとした時間を楽しむことができる。

Map 別冊P.16-A2 メイフェア

🏠33 Albemarle St., W1S 4BP ☎020.
7518 4006 ◆アフタヌーンティー12:00〜
16:30 ◆無休 ◆£75〜（シャンパン付き£85〜）
Card A.J.M.V. ◆望ましい。クリスマス時期は
必要 ◆スマートカジュアル ⚇Green Park
より徒歩5分 ⚇www.roccofortehotels.
com/hotels-and-resorts/browns-hotel

welcome!!

フォートナム＆メイソン
Fortnum & Mason

紅茶の老舗で優雅なお茶を

紅茶ブランドとして知られるけれど、実は王室御用達の高級品のデパート。アフタヌーンティーはダイヤモンド・ジュビリー・ティー・サロンで。ブランドカラーでもある「ナイルの水」の食器が何とも上品。

プチぼうけん 2

アフタヌーンティーを食べ比べ！

Good Tip

地上階FIELDにはミニサイズのティーメニューも

ショップ → P.114

Map 別冊 P.16-B2　セント・ジェームズ

🏠181 Piccadilly, W1A 1ER
☎020.7734 8040　🕐11:30〜20:00（金・土11:00〜、日〜18:00）🗓一部の祝　💷£75〜　Card A.M.V.　🚇😊Green Parkより徒歩5分
URL www.fortnumandmason.com

バークレー
The Berkeley

モダンなティータイムなら

Hello!!

高級ホテル、バークレーのティールームでスタイリッシュなお茶の時間はいかが？ 一流デザイナーや有名女優のデザインをもとに作られたというファッショナブルなケーキを楽しむこともできる。

Good Tip

スイーツなどはシーズンごとに替わる

Map 別冊 P.21-D1　ナイツブリッジ

🏠Wilton Pl., SW1X 7RL　☎020.7107 8866　🕐13:00〜17:30　🗓無休　💷£75〜（お酒付き£87〜）特別メニュー£95のみになる期間もある　Card A.D.J.M.V.　🚇😊望ましい
👔スマートカジュアル　😊Knightsbridgeより徒歩5分　URL www.the-berkeley.co.uk

27

列車に乗ってファンタジー☆ハリポタ＆アリスの世界にGO！

イギリスは不思議の国？
なぜって、ハリー・ポッターだって、アリスだって、イギリスで生まれたんだから。
ロンドンから日帰りで、不思議の世界を探検しに出かけよう！

オックスフォードへ

TOTAL 8時間

| オススメ時間 | 8:00～ 15:00 | 予算 | £60～ |

🕐 スケジュールを確認しよう
クライスト・チャーチのホールはお昼は閉まることも多く、ボドリアン図書館はツアー見学が基本だから、事前に要チェック！

BUTCHER'S KITCHEN

SCOTCH E
2.50 EA

こっち
こっち！

from London to Oxford

ロンドンからオックスフォードの旅

ロンドン

パディントンベアの銅像がお出迎え

チケットを買ったら、電光掲示板でプラットホームをチェック。早いとまだ表示されていないこともあるから、ちょくちょく確認して

列車で1時間

オックスフォード

このタワーを見つけよう

オックスフォードの中心にあり、目印にもなるカーファックスタワー。これが見えてきたら、クライスト・チャーチはすぐそば

ワーナー・ブラザース・スタジオ・ツアー
オックスフォード
ロンドン
0　　50km

🚃 オックスフォードへのアクセス
ロンドン・パディントン駅からオックスフォード行きの列車で1時間。終点で下車。

ミニ会話

切符売り場はどこですか？
Where is the ticket office?

この列車はオックスフォード行きですか？
Is this to Oxford?

オックスフォードまでの片道切符を1枚ください
A single ticket to Oxford, please.

28

まずはロンドンの ロケ地を探索

ハリポタのロケ地はロンドンにも点在。ホントはないはずのプラットホームだって、あれ？ 探したらあった！いろいろ巡ってみると、不思議の世界の扉が開けてくるかも！？

イギリスの駄菓子
おいしそ！

天井も歴史を
感じさせる

シティの紋章にもある
ドラゴン

シティにたたずむ

London point 1 レドンホール・マーケット
Leadenhall Market

ハリポタ＆アリスの世界にGO！

プチぼうけん 3

チーズ屋さん
もあるよ

ハリーとハグリットがダイアゴン横町に行く前に通った場所。ビル街の一角に隠れるように立つ歴史あるアーケード。

Map 別冊P.19-C2　シティ

🏠 Gracechurch St., EC3 1LT　🕐 24時間
🏠一部の祝　各店舗の営業日時は店により異なる　🚇 ⊖ Bank／Monumentより徒歩6分

不思議の扉が開いている？

London point 2 キングス・クロス駅
King's Cross Station

イギリス北部への列車が発着する。プラットホーム9〜10番線の改札手前、右側の壁にあり、すぐ隣にはハリポタショップもある。

Map 別冊P.11-C1　セント・パンクラス

PLATFORM 9¾

ホグワーツ
行きの列車に
乗れるかも？

ハリポタの
ガチファン
ならぜひ！

ハリポタのグラフィックデザインを手がけるミナリマのギャラリーが、ロンドンのど真ん中にある。ポストカードやノートが買えるショップのほか、グラフィックの数々が展示されている。

ハウス・オブ・ミナリマ
House of MinaLima

Map 別冊P.16-B1　ソーホー

🏠 157 Wardour St., W1F 8WQ　☎ 020.3214 0000　🕐 11:00〜18:00 最終入場は閉館30分前 クリスマス前から新年の営業時間は変更あり　🏠一部の祝　💰無料　🚇 ⊖ Tottenham Court Rd.より徒歩5分　[URL] minalima.com

---

北側には
ユーロスターの
駅もあるよ

不思議顔に
なんかひかれちゃう

ここにもあるよ

London point 3 大英博物館
British Museum

DATA ➡ P.70

キングス・クロス駅のお隣、セント・パンクラス駅にも行ってみよう！改装されて内部はすごくキレイ。レストランやショップが揃っているから、ひと休みに立ち寄ってみるのもいい。

ロンとハリーが使っていた魔法使いのチェスの原型。スコットランド北西部のルイスで見つかったので、ルイスの駒と呼ばれている。

29

列車に乗って オックスフォードへ

列車を降りて町へ入っていくと、もうそこはハリポタに近い世界。ロンドンとはひと味違った落ち着いた町並みを歩けば、ここでいろいろなファンタジーが生まれたというのにも納得！

まるでホグワーツみたい！

Oxford point 1
クライスト・チャーチ
Christ Church

ここにハリーもいたよ

グレートホールに入ると『あ〜、ココ！ココ！』と、いろんなシーンが思い浮かぶはず。モデルになっただけで実際撮影があったわけではないけれど、もうそのものズバリという感じ。

Map 本誌P.30 オックスフォード

- Christ Church, St Aldates, OX1 1DP
- ☎01865.276150
- ⏰10:00〜17:00（日14:00〜）ホールは12:00〜14:00に閉まることが多い。 大聖堂〜17:00 最終入場16:15 開館日時は不定期なので要確認。
- ㊡12/25 ㊎£16〜、大聖堂が閉まっている日は£12.80〜、ホールが閉まっている日は£13.60〜
- 🔗www.chch.ox.ac.uk

映画でおなじみのグレートホール

透明ハリーを探せ！？

Oxford point 2
ボドリアン図書館
Bodleian Library

Map 本誌P.30 オックスフォード

- Broad St., OX1 3BG
- ☎01865.287400（ツアー時間の確認）
- ⏰30分、60分、90分のツアーがあり、日時は日によって異なる。 ウェブサイトで要確認。要予約。 60分ツアー 10:30発、14:00発 30分ツアー10:00発、15:00発 90分ツアー 1日1回。水・土・日9:15、10:15、11:15のいずれかに出発 ㊎予約時に要確認 ㊎30分ツアー£10、60分ツアー£15、90分ツアー£20
- 🔗www.bodleian.ox.ac.uk

図書館内のディヴィニティ・スクールとハンフリー図書室がロケ現場として使われた。図書室はハリーが透明になるマントを着けて潜入した所。今も使われているから静かに見てね。

図書館への入口

オックスフォード

オックスフォードってこんなとこ
古くから名を知られる大学町。オックスフォード大学という単一の校舎があるのではなく、町中に点在するカレッジの総称がオックスフォード大学。指輪物語の著者トールキンや俳優のヒュー・グラント、元首相のボリス・ジョンソンなど多くの著名人を輩出している。

アリスの世界も のぞきにいこう！

ルイス・キャロルの名作『不思議の国のアリス』の続編『鏡の国のアリス』に登場するお店。もとは食料品店で、向かいに住んでいた、物語のモデルになった少女アリスが、よくスイーツを買いにきていたそう。

ティーポットカバー
チェシャー猫がキュート！ ティーポットカバー。小さいほうはクリスマスのオーナメント£10

ティータオル
物語のキャラクターが描かれている。£6.90

ハリポタ＆アリスの世界にGO！

プチ ぼうけん 3

アレもコレも欲しくなる！
Oxford point **3 アリス・ショップ**
Alice's Shop

Map 本誌P.30 オックスフォード

📍83 St. Aldate's, OX1 1RA
☎01865.240338 ⏰10:30～17:00
クリスマス～新年は不定休 🈺一部の祝
URL www.aliceinwonderlandshop.com

ルイス・キャロルってどんな人？
本名はチャールズ・ラトウィジ・ドジソン。クライスト・チャーチで学び、後に数学・論理学の研究者となる。『不思議の国のアリス』は、もともと即興的に作ったお話だったのだそう。

秘密の宝箱
おなかの中にかわいいペンダントが隠されている置物。陶器の置物は£44～

かわいい～❤

アルファベット付き置物
ピンクと紫のシマ模様が特徴のチェシャー猫がキュート。£10.99

時計
木製ボードにアリスが描かれた時計。帽子屋や3月ウサギの時計もあり。£19

不思議の世界に来てみてね

オーナメント
リアルな3月ウサギのオーナメント£11

陶器の置物
双子のトゥイードルディーとトゥイードルダム。お隣はトランプ衛兵のオーナメント£12

さかさま時計
鏡に映すとちゃんと時間がわかる壁時計。針も逆進する！£21

ミニチュアブック
『不思議の国のアリス』の小さな本。38×53mm、512ページ。£21

陶器の置物
ハンプティ・ダンプティは『鏡の国のアリス』に出てくるよ。アリスのバッグは£14

ホグワーツへ
ようこそ！

本物の
セットだよ

感動！ハリー・ポッターの
スタジオツアーへ Go！

ハリー・ポッターシリーズの
映画すべての撮影に使われた、
リーブスデン映画スタジオが
公開されており、実際に使用
されたセットや衣装（一部は
再現）を見て歩くことができ
る。2019年には「グリンゴッ
ツ銀行」の新しいアトラクショ
ンもオープンした。

ハリポタバスでも
行ける！

スタジオツアーへ

TOTAL
6時間

2019年の
オープンの
「グリンゴッツ銀行」

魔法学校へ
ようこそ

| オススメ時間 | 9:00〜 18:30 | 予算 | £94〜 |

📷 カメラは必携！
印象的なシーンのセットがいっぱい！ 記
念撮影ができるように準備を整えて出か
けよう。ただし、フラッシュ撮影は禁止。

クルック〜

オーディオガイ
ドは自分で展示
番号の解説を選
び、再生する

入場前から
ワクワク！

ワーナー・ブラザース・
スタジオ・ツアー
Warner Bros. Studio Tour London

ファンなら、まず建物を入った所に
ある、ハリーをはじめ登場人物の巨
大な写真を見上げて大興奮！ そし
て、精巧で芸術的にできているセッ
トに、とにかく感動!!　所要3時
間以上はみておきたい。

Map P.5-D3 ワットフォード

🏠 Studio Tour Drive, Leavesden, WD25 7LR　☎0800.640 4550
🕐 日によって異なるのでチケット購入時に要確認。列車の遅延など時間がかか
る可能性もあるので余裕をもって到着すること　🎫 オンライン予約のみで£
51.50〜、デジタルガイド£4.95〜　Card A.J.M.V.　🔵 オンライン予約でのみ
入場可。現地で購入することはできないので要注意！ 学校が休みの時期の週
末は数ヵ月前に満員になることもある。早めの予約を。🚇 ロンドンユーストン駅
から列車で20分、Watford Junction下車。ここから専用シャトルバス（料金
は入場料に含む）で15分。または、ヴィクトリア・コーチ・ステーションからゴー
ルデンツアーズのバスツアー（ロンドン往復と入場券のセット£94〜）がツアー
時間に合わせて運行している。要予約　URL www.wbstudiotour.co.uk

上に
合成映像が
映るよ！

スネイプ教授の部屋
何百本もの薬瓶が並ぶ。画面に映らないところまでまったく手抜きなしの小道具たち

=3

待撮の記念写真

あなたも魔法の杖に乗って空を飛べる！ 合成映像のプリントは購入することもできる

3階建て！
のナイトバス

うまい！
おかわり！

いたずら好き
寄っといで！

ダイアゴン横町
「いたずら用品専門店」の制作には3ヵ月かかり、ほとんどの時間が「頭」を作るのに費やされたそう

本物のバタービール
物語での描写をもとに作られたバタービールはジンジャーエール＋ソフトクリームの味

ホグワーツの模型

86人のアーティストとスタッフが作った精巧な魔法魔術学校の建物は、どこから見ても完璧

ハリーのほうきは
速いわ〜♪

ガオォ！

harry potter harry pott

potter

TOADS

harry pott

エルの杖
£5

ロンドンで
ハリー・ポッター
ロケ地を巡るなら

ツアー・フォー・
マグルス
Tour for Muggles
ポッターファンのガイドと一緒に、ゆかりの地を巡る英語のウォーキングツアー。よく知られているキングス・クロス駅には行かず、通しか知らないような所を案内してくれる。所要約2時間。要予約。オンライン予約可。

☎020.4548 3535 ⏰土〜木。日によって時間が異なるのでウェブサイトで確認を。英語のみ。定員20名 💷£17
URL www.tourformuggles.com

オリバンダーの杖

£15〜

£3.95

おみやげも
あるよ！

Harry Potter

£3.95

£16〜

ハグリッド！

フェンリル
£16〜

映画に関わったキャストとスタッフの名が杖の箱に付いている。主役3人はどこ？

巡れば気分は主人公♡
名作ドラマ&映画の舞台へワープ

大好きな
シーンが
よみがえる!

ロンドンや郊外を舞台に繰り広げられる、
数々の映画やドラマ。場面に思いをはせながら、
ロケ地巡りはいかが?
この機会に作品も
ぜひチェック!

『ザ・クラウン』

TOTAL 各1〜2時間

ロケ地巡りの前に

オススメ時間 8:00〜17:00　予算 無料〜

行きたい場所の確認を
興味のある映画やドラマのロケ地
を確認しておきたい。ロンドン中
心部なら、ロケ地だけをつなぐよ
り、行きたい見どころと組み合わ
せていくのがオススメ。近郊にあ
るものは半日も1日かかりになる。

イギリス王室を描いた
ドラマの舞台へ!

エリザベス女王2世の生涯を描いたドラ
マには、イギリスの歴史が詰まった場所
が数多く登場。ロンドンのロケ地は、ほ
かの映画やドラマでも使われただけあっ
て、歴史と伝統を感じさせてくれる。

THE CROWN

旧王立海軍学校

17世紀後半に造られた王立病院の建物
で、1998年まで海軍学校だった。ドラ
マには、バッキンガム宮殿外観の再現
に使用。『レ・ミゼラブル』や『パイレー
ツ・オブ・カリビアン』など、数々の
映画やドラマのロケ地として有名。

Map 別冊P.5-D2　グリニッジ

敷地内では映
画の撮影が行
われているこ
とも

著名な
建築家
クリストファー・
レンの建築

ライシアム・シアター

人気ミュージカル『ライ
オン・キング』が上演さ
れている劇場。18世紀後
半創設だが、現在の建物
は1834年に再建された
もの。ドラマでは、エリ
ザベス女王の結婚前夜祭
の舞踏会で外観やロビー
が登場。結婚式当日も外
観が撮影に使われた。

→P.81

Story

エリザベス女王2世の即位か
ら現在までを描いたドラマ
シリーズ。25歳の若さで女
王となったエリザベス2世。
生涯を公務にささげた女王
の知られざる素顔が、王室
のロマンス、国内外での政
治や国際的な事件などとと
もに描かれている。

「ザ・クラウン
シーズン1」
発売・販売元:(株)ソニー・
ピクチャーズ エンタテイン
メント　価格:5217円

『ダウントン・アビー』

DAWNTON ABBEY

バンプトン

コッツウォルズ丘陵にある小さな村。村の中心部や周辺地域で、『ダウントン村』の撮影が行われた。13世紀に建てられたセント・メアリー教会は、グランサム家の長女メアリーの結婚式のシーンなどで使われた。

Map 別冊P.26-B2
コッツウォルズ中央部

Story

1900年代前半のイギリスを舞台に、貴族と使用人たちの生活を中心に描いたテレビドラマ。物語は第1次世界大戦前夜に始まり、大戦中の苦悩や社会の変化などとともに、使用人たちの生活や恋愛、成長なども描かれている。

『ダウントン・アビー』
シーズン1
バリュー・パック DVD &
Blu-ray 各全6巻 発売中
発売元: NBCユニバーサル・エンターテイメント

ハイクレア城

もとは中世の城で、現在は第8代カーナーヴォン伯爵家が所有している。ダウントン家の邸宅である『ダウントン・アビー』として登場し、ヴィクトリア様式の美術品や家具など、豪華なインテリアのほか、庭園や公園も見どころ。

Map 別冊P.5-D3　ニューベリー

広大な敷地に立つハイクレア城

🏠Highclere Park, Newbury RG20 9RN　☎01635 253210　●春と秋の一般公開 10:00〜16:00　開催日などは細かく異なるのでウェブサイトで要確認　£22.50〜 事前予約が望ましい　ほかの時期にもガイド付きツアーがある　Ⓔロンドンパディントン駅からニューベリー駅まで列車で1時間30分。ニューベリー駅からタクシーで15分

『パディントン』

PADDINGTON

アンティークショップ

ポートベロー・マーケットでもひときわ目立つ存在のアリスAlice'sが、ブラウン夫人の友人でもあるグルーバーさんの店として登場。

Map 別冊P.24-B2
ノッティング・ヒル　アリス→P.46

Story

ペルーで暮らしていたクマのパディントンは、新天地を求めてロンドンへ。駅で声をかけてくれた親切な夫人に誘われ、ブラウン家に居候することになる。さまざまな問題が起こるが、ブラウン一家の助けもあり切り抜けていく。

パディントンの銅像も！

パディントン駅

この駅の1番ホームは、ペルーからやってきたパディントンが、どうしていいかわからず途方に暮れていた場所。

Map 別冊P.14-B1
パディントン　パディントン（ショップ）→ P.136

パディントンが暮らす家

ノッティング・ヒルにある設定だが、ロケ地はプリムローズ・ヒルのChalcot Crescent。

Map 別冊P.24-A1
プリムローズ・ヒル　プリムローズ・ヒル→P.165

「パディントン
【期間限定価格版】」
発売元：株式会社キノフィルムズ／木下グループ販売元：ポニーキャニオン　価格：DVD1980円、Blu-ray 2750円

PETER RABBIT™

『ピーター
ラビット™』

「ピーター
ラビット」
発売・販売元：
(株) ソニー・ピ
クチャーズ エン
タテインメント
価格：2075円

ハロッズ
1894年創業の高級デパート。豪華な装飾の内部や外観を見るために、世界中から観光客が訪れる。映画ではおもちゃ売り場でトーマスが働いていた。 →P.142

Story
いたずら好きで、やんちゃなウサギのピーターが登場。イギリス湖水地方を舞台に、ロンドンからやってきたトーマスとヒロインのビアとの恋愛模様や過去も織り交ぜつつ、ウサギたちとのユーモラスな関係も楽しめる。

『ボヘミアン・
ラプソディ』

ルトランド・アームズ
クイーンのメンバーが、ジョン・リードとポール・プレンターと出会うシーンの映画ロケがあった。河沿いのパブで、テムズ河散策も楽しめる。

Map 別冊P.4-B2 ハマースミス

🏠15 Lower Mall, W6 9DJ ☎020.
8748 5586 ⏰月〜金12:00〜23:00
(金〜24:00) 土・日11:00〜24:00 (日
〜23:00) 🚫一部の祝 Card M.V.
🚇Hammersmith
より徒歩10分
URL greeneking-
pubs.co.uk

Story
ボーカルのフレディ・マーキュリーは、さまざまなコンプレックスやセクシュアリティへの悩みを抱えつつ、スターへの道を駆け上がっていく。その苦悩とともに、伝説のロックバンド誕生から曲作りの秘密までが明かされる。

BOHEMIAN RHAPSODY

『キングスマン』

KINGSMAN

「キングスマン」
発売・販売元：
(株) ソニー・ピク
チャーズ エンタテ
インメント
価格：1980円

秘密組織の本拠地
隠れ家となった高級テーラー「キングスマン」のロケ地は、「背広」の語源ともいわれるサヴィル・ロウにある「ハンツマンHuntsman」。

Map 別冊P.16-A2 メイフェア

Story
世界のどこにも所属しないスパイ組織「キングスマン」。素質を見抜かれ、エージェント候補として選ばれたエグジーは、厳しい訓練を乗り越え、とんでもない野望を抱く大富豪ヴァレンタインの計画を阻止するべく立ち向かっていく。

007シリーズ
『スカイフォール』

10 トリニティー・スクエア
ボンドがMを連れ出すシーンのほか、この建物周辺ではカーアクションのロケも。

Map 別冊P.19-C2 シティ

MI6本部
ボンドが所属するイギリス情報部の総本山。映画では、この本部ビルが爆発するシーンを橋側からMが見ている。

Map 別冊P.23-C3 ランベス

Story
イギリス情報部のスパイ「007」こと、ジェームズ・ボンドが新しい任務に着任。復活したボンドは女性上司Mのもとへ向かう。Mをめぐって起こるさまざまな事件を、世界各地を舞台に、アクションシーン満載で展開していく。

SKYFALL

ロンドン最古の
歴史ある
病院だよ

大人気
ドラマ

シャーロック気分で ロケ地を歩こう！

シャーロック・ホームズを扱った名作映画やドラマは数多くあるが、BBCのドラマ『シャーロック』は、独自の世界観をつくり出している。ロンドンにはロケ地がいくつもあるので巡ってみたい。

『シャーロック』

あのシーンと
同じ♡

2 セント・バーソロミュー病院

略して「バーツ」とも呼ばれる場所。シャーロックとワトソンが出会った場所。ドラマでは、シャーロックに思いを寄せる検視官モリーの勤務先でもある。

Map 別冊P.18-A1 スミスフィールズ

Story

変わり者で自称「コンサルタント探偵」のシャーロック・ホームズと元軍医のジョン・ワトソンが、警察の手に負えない難事件を、パソコンやスマホを駆使し、現代的な要素を織り交ぜながら解決していく。

1 シャーロックの家

シャーロックとワトソンが住む下宿先。2階が下宿で、大家は原作と同じハドソンさん。1階のSpeedy's Cafeは実際にカフェとして営業している。

Map 別冊P.10-B2 ユーストン

飲茶が
おいしい店も
あるよ

3 中華街

ソーホーにある中華街。『死を呼ぶ暗号』で、シャーロックとワトソンが中国人女性を探しにきたのがGerrard Street。

Map 別冊P.16-B2 ソーホー

ホームズ好きはこちらも！

1. ホームズ愛用のバイオリンまである 2. ここで依頼を受けたのかも 3. ホームズの人形 4. トレードマークの鹿撃ち帽 5. 1階はグッズショップ

原作『シャーロック・ホームズ』の時代を感じたいならココへ

シャーロック・ホームズ博物館
Sherlock Holmes Museum

ホームズが住んだ家として、小説に忠実に再現された部屋では記念撮影も可能。置かれた品々を見て回っていると、ホームズが実際にいた人物ではないかと思えてくる。1階のショップはとても充実した品揃え。

Map 別冊P.9-C3 マリルボン

🏠221b Baker St., NW1 6XE ☎020.7224 3688
🕐9:30～18:00 最終入場は閉館30分前
🚫12/25 💷£16 🚇→Baker St.より徒歩2分
🔗www.sherlock-holmes.co.uk

アーサー・コナン・ドイル
Sir Arthur Conan Doyle
(1859～1930)
スコットランドのエジンバラで生まれる。眼科医のかたわら、シャーロック・ホームズ・シリーズなどの執筆を始める。このシリーズは1887年から1927年にかけて、60編もの作品が発表された。

シャーロキアンなら寄っておきたいパブ

シャーロック・ホームズ
The Sherlock Holmes

ドラマ『シャーロック』の『ピンク色の研究』で、シャーロックが犯人に指定した待ち合わせ場所がこのパブの住所。『バスカヴィル家の犬』の頭や、ホームズ愛用の品々、数々のドラマや映画の写真などが飾られている。

Map 別冊P.17-C3 ウェストミンスター

🏠10 Northumberland St., WC2N 5DB ☎020.7930
2644 🕐10:00～23:00 🚫一部の祝 🚇→Charing
Cross／Embankmentより徒歩5分 🔗www.greeneking-pubs.co.uk

やっぱり行ってみたいよね☆
衛兵交替、ベストショット撮影隊！

クマの毛の高いドーム帽子をかぶった衛兵たち。整然と歩く姿は、まるで
おもちゃのチャチャチャの世界。しっかり準備をして、パシャ☆っと撮っちゃいましょ。

ポイントをおさえて
スケジュールを練ろう！

王室の歴史を
ご覧あれ！

ベスト
ポジションは
ココ！

正門内での交替儀式まで見たいのか、それとも鼓笛隊などの衛兵の行進を写真に撮りたいのかをはっきりしておくといい。それにより、ポジション取りが違ってくる。チラッと見られればいいという人は、ヴィクトリア・メモリアルから延びる通り、マル The Mallに陣取ってサックリ見るのも手。

衛兵交替を見る

TOTAL 3時間30分

| オススメ時間 | 9:00〜12:30 | 予算 | 無料 |

衛兵交替って？
ウェリントン兵舎などから新しい衛兵がバッキンガム宮殿にやってきて交替をする儀式。オールド・ガードが宮殿の鍵をニュー・ガードに手渡し、衛兵の交替が行われる。

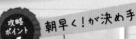

攻略ポイント 1 　朝早く！が決め手

AM 9:00〜9:30

だいたい9時頃から、ちらほら人が行ったり来たりし始める。時期により冬場は人が集まるのが遅め

みんな集まってきた！

AM 10:00〜11:00

10時半頃になると人でいっぱい。正門前の歩道はロープで仕切られ、あとから来ても中に入れないようになっている

攻略ポイント2 場所を絞って待つ

B ヴィクトリア・メモリアル
ここの前は行進している衛兵を撮るのにグッドな位置。冬はグレーのコートを着てるよ

A 正門の横
正門内での交替儀式を見たいのなら、この位置で。演奏の様子や表情までうかがえる

B ヴィクトリア・メモリアル
正門をバックに演奏しながら行進する姿は、定番中の定番ポイント

攻略ポイント3 多少の厚かましさはやむをえないと心得よう！

衛兵が近づいてくると、今までのんびりとしていた人たちも急に撮影モードに。負けずに挑もう！

急に見えなくなる！

わっ！

格好のシャッターチャンスがいっぱい
衛兵交替 Changing the Guards

Map 別冊 P.22-B1 セント・ジェームズ

🕐月・水・金・日11:00〜の予定。変更もあり（季節により不定期）
🚫上記以外。王族のイベント、天候などにより休止することもあるのでウェブサイトなどで要確認 URL www.householddivision.org.uk/changing-the-guard-calender

ボクたち鼓笛隊

騎馬警官だよ

衛兵交替のタイムテーブル

❶ 10:43
オールド・ガードがセント・ジェームズ宮殿を出発

❷ 10:47
ニュー・ガードがウェリントン兵舎から出発

11:00
バッキンガム宮殿前庭で交替式開始。宮殿前での演奏は曲目も楽しみ

❸ 11:10
セント・ジェームズ宮殿交替兵がバッキンガム宮殿を出発

❹ 11:25
セント・ジェームズ宮殿分遣隊がセント・ジェームズ宮殿を出発

❺ 11:40
オールド・ガードがバッキンガム宮殿を出発

❻ 11:45
セント・ジェームズ宮殿ガードがバッキンガム宮殿を出発

ニュー・ガードには鼓笛隊の演奏もつく。衛兵は部隊によって、銃、剣などの武器を持っている。

※時間は変更の可能性あり

衛兵交替ルート＆撮影スポット

📷撮影スポット

グリーン・パーク
Green Park

ヴィクトリア・メモリアル
Victoria Memorial

Constitution Hill

The Mall

セント・ジェームズ宮殿→ **Map** 別冊 P.16-B3 が発着場所

❶ ❹

Ⓐ ❸ Ⓑ ❻ ❺

バッキンガム宮殿
Buckingham Palace

セント・ジェームズ・パーク
St. James's Park

Birdcage Walk

❷ ウェリントン兵舎
Wellington Barracks

★ポジション取りの注意点
交替式が始まる前から、正門の横やヴィクトリア・メモリアルのあたりは封鎖されるので、時間に制限がある人は気をつけて。

39

ロンドン観光の特等席！
赤い2階建てバスでフォトライド

ロンドンといえば、2階建てバス＝ダブルデッカー。せっかくなら2階のいちばん前に陣取って、車窓からロンドンの町を眺めてみよう！高い目線からこそのフォトポイントがたくさん！

14番のバスに乗る

オススメ時間	10:00〜15:00	
予算	£1.75	

TOTAL
2時間

朝や夕方の混雑時間は避けて車の渋滞が起きる時間帯は、バスルートが変更されがち。特にピカデリー・サーカスやトラファルガー広場など、中心部は抜けずに、途中で終点になることも。ルートが変更されることもあるので交通局のウェブサイトで確認を。URL tfl.gov.uk

バスの乗り方→P.183

14番ルートでロンドンを横断！

14番は、ピカデリー・サーカスを中心に西と東に延びる、ロンドン横断ルート。大英博物館近くの発着場所ラッセル・スクエアから乗車して、劇場街を通り、高級ショッピングエリアへ抜けよう。

眺めが最高！

高級ショッピングエリアへ！

老舗デパート、ハロッズがあるエリアには、高級ブランドが並ぶ通りもある

Hyde Park

Kensington Gardens

エロスの像があるロンドンの中心！

待ち合わせ場所などにも使われるエロスの像の北側はショッピングエリア

巨大ミュージアムが3つも！

ヴィクトリア・アンド・アルバート博物館のほか、自然史博物館、科学博物館も

Knightsbridge Station / Harrods

Piccadilly Circus

Hyde Park Corner Station

広大なハイド・パークへもすぐ！

ハイド・パークとグリーン・パークの間にあるウェリントン・アーチ

Green Park

一度は乗らなきゃ！

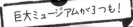

Victoria & Albert Museum

St. James's Park

Finish!

テムズ河を越えて南のほうへ行くよ

乗り降り自由のツアーバスも便利

ロンドン周遊のルートもあるので便利。決められたバス停で乗り降りができるから、見どころ近くで降りて、また乗車することも可能。ウェブサイトでルートや発着場所を確認しよう。

トゥート・バス
Toot Bus
⏰8:30～16:30（最終バス発車）ルートや時期によって異なる 💰£31～（24時間有効）、オンライン予約£26.35～ 🌐www.tootbus.com

ビッグ・バス・ツアーズ
Big Bus Tours
⏰8:30～18:00（最終バス発車）ルートや時期によって異なる 💰£41（24時間有効）、オンライン予約£36.90 🌐www.bigbustours.com/en/london/london-bus-tours ビッグ・バス・ツアーズは有効期間中はリバークルーズ片道とウオーキングツアーも無料

11番ルートもいいよ！
リヴァプール・ストリート近くが発着場所。途中、セント・ポール大聖堂、トラファルガー広場、ウェストミンスター寺院近くを抜けていくルート。ホース・ガーズ前の騎兵も眺められるし、こちらのルートもおすすめ。

プチぼうけん 6
赤い2階建てバスでフォトライド♪

ここから乗ると、2階の最前列に座れる可能性が高い！

ここから発着！
ラッセル・スクエア北側の通りが発着場所。見晴らしのいい2階席の最前列を狙って！

ここから **Start!**

フムフム 乗ってみよう！

ハリポタの劇を上演しているパレス・シアターなど、このあたりに劇場が集まっている

どんな劇が上演されているかな？

Russell Square

British Museum

世界屈指の博物館へ！
ロンドン最大の観光スポットともいわれる大英博物館の正面入口

Dean St. / Chinatown

このあたりで降りれば、コヴェント・ガーデンもすぐ

立派な建物ね！

バスで優雅にお茶タイム
アフタヌーンティーもできる！

ケーキの種類も豊富
赤いバスに乗って出発！
お持ち帰り用の箱

1
2
3

一枚ウワテのバスライド！
アフタヌーンティー・バスツアー
Afternoon Tea Bus Tour

ロンドン中心部を旧型の2階建てバスで巡りながら、アフタヌーンティーも楽しんじゃおうというバスツアー。クラシック・アフタヌーンティーのコースは、国会議事堂などの見どころを約1時間半でぐるりと一周する。バス内にトイレはない。

☎020.3026.1188 📍クラシック・アフタヌーンティー：8 Northumberland AvenueまたはVictoria Coach Station発。12:00、12:30、13:00、14:30、15:00、15:30、17:00出発（場所や時間は予約時に確認を）💰1人£45～ 🈲必要（ウェブサイトで予約可能）予約は2人分から 🌐b-bakery.com

41

ロマンティックに浸りたい♡
夕暮れ＆夜景ならテムズ河沿いへ

「ロンドンの夜景」といえばテムズ河岸。リバークルーズで船の上から
楽しむのもいいし、河岸を散歩しながら、景色を堪能するのもいい。

ディナークルーズに乗るなら

TOTAL 3.5時間

オススメ時間 19:30〜　予算 £83〜

💡ここに注意！
服装はある程度きちんとしていくといい。
チップを用意しておこう。時間ギリギリ
にならないと、スタッフも船も桟橋に到
着していないことがある。

やっぱり
テムズ河沿いが最高！

キレイなの☆

1 spot

タワー・ブリッジ
テムズ河を行く夜のクルーズは、
ディナー付きのみ。河岸を歩きな
がら見るのとは、また違ったアン
グルで、ライトアップされたタ
ワー・ブリッジを堪能しよう。
→P.76

夜景撮影にはじっくりアングルが決められる徒歩
での散策がいいけれど、ロマンティック度ならフ
ルコースのディナーをいただきながら、幻想的なテムズ河沿いの夜景を堪能できるリバークルーズがおすすめ！

ロマンティック度は最高！
ロンドン・ディナー・クルーズ

国会議事堂近くのウェストミンスター桟橋から乗船し、タワー・ブリッジをくぐり、さらに東へ。復路ではショータイムやディスコタイムで盛り上がる。食後には船内を自由に散策できるので、十分に夜景を楽しんで。船内でのガイドなどはない。ルートは変更されることもある。

Map 別冊P.23-C1 ウェストミンスター

運航会社City Cruises
☎020.7740 0400 ●毎日、ウェストミンスター桟橋19:30集合、19:45発、所要約3時間 ●£83〜（4コースの食事とワイン込み）＋12%程度のチップ。クリスマスディナーは特別料金 ●必要 ●スマートカジュアル
URL www.citycruises.com

ララ〜♪
ラララララ〜♪

エビを使ったスターター。4コー
スのディナーでおなかも満足♡

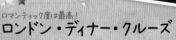

夕暮れ&夜景ならテムズ河沿いへ

📷 SPOT 2

国会議事堂とビッグベン

夜になるとライトアップされ、テムズ河に浮かぶようなたたずまいを見せる国会議事堂は、南岸から堪能したい。また、ウェストミンスター橋からは、ビッグ・ベンを手前にした迫力ある画を撮ることもできる。

→P.76

撮影のためのポイント

暗くなってくると手ブレが心配。三脚を使うのがいちばんだが、背中を壁などにつけて体をできるだけ固定したり、しっかり脇を締めてカメラを持つように気をつけるだけでも、だいぶ手ブレを抑えることができる。夕景がきれいに撮影できるモードなどがあれば、事前に確認しておくといい。

📷 SPOT 4

セント・ポール大聖堂

ミレニアム・ブリッジのたもとから見る構図もなかなかいい。テムズ南岸からシティ方面の眺めが楽しめるスポット。

→P.76

📷 SPOT 5

ミレニアム・ブリッジ

テート・モダンの正面にある歩道橋。この橋を南岸から渡っていくと、目の前にセント・ポール大聖堂の大ドームが浮かび上がる。

📷 SPOT 3

ロンドン・アイ

ウェストミンスター橋のビッグ・ベン寄りからの眺めが最高！ ここもライトアップされ、川面に映り込んだ光の帯が美しい。

→P.79

PHOTO SPOT MAP

セント・ポール大聖堂

テムズ河

ロンドン塔

テート・モダン

ロンドン・アイ

クルーズ船乗り場

ロンドン市庁舎

タワー・ブリッジ

国会議事堂ビッグ・ベン

国会議事堂からタワー・ブリッジまでは約3.5km、徒歩約45分

週末はアンティークを探しに ポートベロー・マーケットを探検！

ノッティング・ヒルのマーケットでアンティーク三昧。
少し疲れたらセレブも通うというウエストボーン・グローブあたりのカフェやデリで休憩を。

Portobello Market

マーケット巡り TOTAL 4時間

オススメ時間 9:00〜13:00　予算 無料〜

早めに行くのがベター
ストイックに掘り出し物を見つけたい、という場合は早めの時間に行くといい。15:00くらいに店を閉めるところもある。人気のマーケットなので人が多く、スリには要注意。

ロンドンいちの蚤の市でお気に入りハント！

ポートベロー・マーケットは、細長い一本道。通りに沿って店や屋台が並び、エリアによって屋台の種類が変わるので、大まかに把握しておこう。

高架下のあたりには食べ物屋台が集まっている

ウエスト・ヴィレッジ →P.46

野菜や果物など食品を扱う屋台が出ている

ウエストボーン・グローブ
この通り周辺はセレブが集まるエリアといわれている。フラワーショップやおしゃれなショップ、オーガニックのデリカフェなどが軒を連ねている。セレブ気分で散策してみて！

ウエストボーン・グローブ
アリス →P.46
クロエ・アルベリー →P.46
ポートベロー・ロード

Notting Hill Gate
ノッティング・ヒル・ゲイト

土曜のお楽しみ
ポートベロー・マーケット
Portobello Market

ポートベロー・ロードが小さな屋台でいっぱいに。おみやげ物の店も増えてはいるが、世界有数のアンティークのストリート・マーケットとして知られている。

Map 別冊P.24-A2 ノッティング・ヒル

Portobello Rd., W11　土9:00〜19:00頃　ほかの日にも屋台は少し出るが土曜がメイン　◎Notting Hillより徒歩5分

アンティークの屋台やアーケードが多いエリア

Print&Art
プリント＆アート

古地図やボタニカルアートなど、部屋に飾るのにちょうどよさそうな小さめのものがたくさんある。お気に入りを見つけたい。

楽器やカメラも！

Antique
骨董

銀食器、ティーカップ＆ソーサー、昔のボードゲームにカメラ、グローブ、テニスラケットなどなど。眺めているだけでも楽しい。

種類豊富！

Accessories
アクセサリー

どんなお店があるのかのぞいてみよう！

通り沿いには小さな屋台やアーケードが並んでいる。気になるものがあったら、どんどん立ち寄って、品物を見てみよう。

クレープの屋台

たくさんの指輪やネックレスが並ぶ屋台もあり、じっくり選んでいると、ついつい時を忘れてしまいそう。至福のひととき。

Food stands
食べる

マーケット中ほどあたりと、北部の高架下周辺に食べ物屋台が多い。通り沿いやウエストボーン・グローブにもカフェがある。

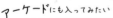
アンティークアーケードにも入ってみたい

絵画や本、食器、アクセサリーなどの店が入っている。通り沿いからはわかりにくいので、よく注意して。細い通路が見えたら、臆せず入ってみよう。

ストリートミュージシャンもいるよ♪

通り沿いのアンティークが多いエリアにあり、中に入ると迷路のよう。それぞれ違う商品を扱う小さな店がぎっしりと並んでいる。

立ち寄ってみたいショップ3軒

マーケットがあるポートベロー沿いのアンティークショップと、脇道に点在するおしゃれなショップをご紹介！

£5.00

1,2.ビーズのリングや王室祝賀のプレートなどもある　3.ユニークなビリヤード球のドアノブ

小物がたくさん！

4,5.レトロな箱などが並ぶ

小物を使ってセンスアップ！
クロエ・アルベリー
Chloe Alberry

ドアの取っ手、アンティーク雑貨などの小物は、さり気ないところにセンスのよさを感じさせてくれる。オーナーのアルベリーさんはスタイリストのコンサルタント的存在だそう。

Map 別冊P.24-B2 ノッティング・ヒル

🏠84 Portobello Rd., W11 2QD ☎020.7727
0707 🕐月〜土9:00〜18:00　日9:30〜17:30
🈺一部の祝　Card A.M.V.　🚃◯Notting Hill
Gateより徒歩5分　URL www.chloealberry.com

写真に収めたくなる！
アリス Alice's

ポートベロー・ロード中ほどにあるアンティークショップ。赤い外観と『Alice's』の文字がひときわ印象的。中にはアンティークの雑貨がぎっしり。おみやげになりそうな新品もある。

映画のロケ地！

Map 別冊P.24-B2 ノッティング・ヒル

🏠86 Portobello Rd., W11 2QD ☎020.7229 8187
🕐火〜金9:00〜17:00　土8:00〜15:00　🈺日・月、
一部の祝　🚃◯Notting Hillより徒歩10分

マーケットの日には、外にも新品の食器や木箱などが並んでいる

1

2

グッドセレクションな
ウエスト・ヴィレッジ
The West Village

フツーのセレクトショップと、どこかが違う。元『UKヴォーグ』の編集長が開いたショップだと聞いて納得！　鮮やかな色のファッションで、おしゃれさんにも注目される店。

1.シャツドレス£200〜
2.カラフル！　元気なバッグは£100くらいから

Map 別冊P.24-A2 ノッティング・ヒル

🏠35 Kensington Park Rd., W11 2EU
☎020.7243 6912 🕐10:00〜18:00
(日11:00〜)　🈺一部の祝、ノッティング・ヒル・カーニバルの週末　Card A.M.V.
🚃◯Ladbroke Groveより徒歩6分
URL www.thewestvillage.com

the west village

46

ちょっとひと休み

長い通りを歩いて疲れたら、座って休憩を。マーケット巡りの途中や最後に、休憩や食事をするのにおすすめの2軒。

魚介のパスタとサラダ。ピザやパスタのメニューも豊富

人気のイタリアン
オステリア・バジリコ Osteria Basilico

ピザやパスタで気軽にランチを取るのにいいイタリアンの店。時間があれば、ゆっくりと新鮮な魚介を使ったメインのコースを。イタリア産スパークリングワインもおすすめ。同じ通り沿いに姉妹店Essenzaもある。

Map 別冊P.24-A2 ノッティング・ヒル

🏠29 Kensington Park Rd., W11 2EU
☎020.7227 9957　⏰12:00～22:30
㉻クリスマス前後 **Card**A.M.V. ㉿ランチ
£30～　ディナー£50～　㉿望ましい
㊂⊖Ladbroke Groveより徒歩5分
URLwww.osteriabasilico.co.uk

Portobello Market

スコーンで少し腹ごしらえ
チーキー・スコーン
Cheeky Scone

スコーン専門店で、プレーンやレーズン、チーズのほか、日替わりなど数種類が並ぶ。クリームやジャムは別料金で選べる。持ち帰りすることもでき、箱に詰めてくれる。

Map 別冊P.24-B2 ノッティング・ヒル

🏠43 Pembridge Rd, W11 3HG
☎0776.682 1705　⏰10:00～17:00（土～17:30、日～15:30）㉻月、一部の祝 **Card**M.V. ㉿スコーン
£3.50～　紅茶£2.90～ ㊄不要 ㊂⊖Notting Hill
Gateより徒歩3分 **URL**cheekyscone.com

持ち帰り可能！

大ぶりのスコーンにたっぷりのミルクティーでホッとひと息

☆ ☆

ほかにもある！　行ってみたいロンドンのマーケット

世界遺産の町にある
グリニッジ・マーケット
Greenwich Market

グリニッジ標準時で有名な町の歴史あるマーケット。ビンテージやアンティーク、ジュエリー、手作りの品などと、曜日によってテイストが違う。食べ物屋台もたくさん出ている。

Map 別冊P.5-D2 グリニッジ

🏠5B Greenwich Market, SE10 9HZ
⏰10:00～17:30頃 週末がメイン ㊂DLRの
Cutty Sark for Maritime Greenwichより徒歩
3分 **URL**greenwichmarket.london

アンティーク好きなら
バーモンジー・マーケット
Bermondsey Market

広場に並ぶ屋台には、家具や装飾品、絵画、ジュエリー、時計、陶器など、さまざまなアンティークが置かれている。よいものを見つけたいなら、朝早く出かけるのがおすすめ。

Map 別冊P.7-D3 バーモンジー

🏠11 Bermondsey Sq., SE1 3UN
⏰6:00～14:00頃 ㊂⊖London Bridgeより徒
歩12分 **URL**bermondseyantiquemarket.
co.uk

小さな路地歩きを楽しめる
カムデン・パッセージ
Camden Passage

駅前の大通りを一本入った小道で開催される小さなマーケット。3ヵ所に分かれており、曜日によって扱う品が違う。道沿いにはおしゃれなカフェなども並ぶ居心地のいい場所。

Map 別冊P.12-A1 イズリントン

🏠Camden Passage, N1 8EA ⏰水・土
9:00～17:30頃 ほかの日時にオープンする
マーケットもある ㊂⊖Angelより徒歩3分
URLwww.camdenpassageislington.co.uk

どこに行こうかな？

5ポンド～でこの迫力！
シェイクスピア劇にかぶりつき!!

誰もが名前を知っているシェイクスピア。
でも、舞台を観たことがある人は意外と少ないのかも？
土間のある劇場で、往時のままの観劇を楽しんでみよう。
演劇王国イギリスならではのシェイクスピア劇を、ぜひ一度ご覧あれ。

やっぱり
グローブ座で観たい！

イギリスではシェイクスピア劇は、いろんな演出
で、さまざまな劇場で上演されている。そんなな
かでも、シェイクスピアの生きた時代を感じさせ
てくれるグローブ座に、ぜひ足を運んで。

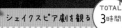

シェイクスピア劇を観る

TOTAL
3時間

 オススメ
時間 14:00～
19:30～

 予算 £5～

席と上演期間
£5と£10は立ち見の場合。席に座りたい
場合は£25～。グローブ座は屋外劇場の
ため、4月中旬～10月初旬のみの上演。

オリジナルに忠実に再建された
シェイクスピア・グローブ劇場
Shakespeare's Globe

Map 別冊 P.18-B2

サザーク

木造茅葺き屋根だった最初のグ
ローブ座は1613年に全焼して
しまったが、1997年に再オープ
ンした。15歳の頃から再建を
夢見たサム・ワナメーカーが中
心となり、その夢を果たした。
当時と同じ雰囲気のなかで劇を
楽しむことができる。

⬆21 New Globe Walk, Bank
side, SE1 9DT ☎020.7401
9919 ⬆上演は4月中旬～10
月初旬の予定（屋内のサム・ワナ
メーカー・プレイハウスは冬季も上
演）◎⊖London Bridgeより
徒歩5分

ようこそ！
シェイクスピア
の世界へ！

木造、漆喰の壁、
茅葺き屋根という
エリザベス朝時代のまま再現

©Manuel
Harlan

キャストが近い！
迫力満点だわ☆

言葉の
天才☆

シェイクスピアってどんな人？
1564年生まれで、徳川家康と同
じ1616年没。イギリスの、いや世
界の文豪といってもいい劇作家。
俳優や詩人でもあり、劇団経営に
も関わっていたといわれる。英語
の辞書には聖書よりも多くのシェ
イクスピア語録が引用されている。

現代によみがえった シェイクスピアの グローブ座

A アッパーギャラリー *Upper Gallery*
B ミドルギャラリー *Middle Gallery*
C ロウワーギャラリー *Lower Gallery*

昔のままの木造りでベンチのような席。下からLower、Middle、Upperとなっており、各階で値段により3〜4種類の席がある

この劇場の魅力は、何といっても舞台が近いこと。3時間ほどの上演中、中庭のヤード席は座れないのがツライけど、目の前に俳優がいる位置も夢じゃない!

シェイクスピア劇にかぶりつき!!

天 *The Heaven*
舞台の天井には、「世界はひとつの舞台」という思想を表すかのように、恒星、惑星、十二宮図が描かれている

ヘラクレスの柱 *The Pillars of Hercules*
大理石のように見えるが、実際には巨大な2本のオークの木の幹に塗装を施したもの

中庭 *The Yard*
£5と£10の立ち見の土間席ヤード。ここで観劇するなら、雨が降ってもいいようにレインコートを持っていくといいかも

せり *The Trapdoor*
舞台の下のスペースは、幽霊、魔女、悪魔などが登場する、地獄やあの世を意味するものとして使われることも

円形劇場を体感!

かつてのグローブ座のように、舞台と客席が近く、一体感を感じることができる

©John Tramper

©Manuel Harlan

そなたたち 楽しんで いくがよい!

シェイクスピア・グローブ・ストーリー&ツアー
Shakespeare's Globe Story & Tour

グローブ劇場のユニークな成り立ちや作品の創作から解釈まで、シェイクスピアの物語の世界に浸ることができる。季節ごとに変わる企画展示では、舞台の追体験も可能。英語のガイド付き見学ツアー。
🅐上演スケジュールにより異なるため、ウェブサイトなどで要確認。要予約
🕐不定期 💰£25〜
🌐www.shakespearesglobe.com

ツアーに参加してみよう

©Pawel Libera 1

©Pawel Libera 2

©Matt Christmas 3

1.グローブ劇場のガイドツアー 2.ツアーが終わったら、ショップも要チェック 3.劇場に隣接する建物には、ブラスリーやカフェ、開放感のあるバーもあるから、食事や休憩もできる

©Manuel Harlan

あらすじをおさえて観にいこう！

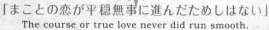

夏の夜の夢
A Midsummer Night's Dream

上演時間 約3時間30分

あらすじ
いたずら好きの妖精パックが、主人オベーロンに与えられた惚れ薬を誰彼かまわず、振りまいてしまい、すったもんだの大騒ぎに。

見どころ
タイトルにふさわしく、歌も踊りも満載。妖精の女王タイターニアが、惚れ薬でロバ男に恋することになってしまったりするハチャメチャな展開が笑いを誘う。

名セリフ
「まことの恋が平穏無事に進んだためしはない」
The course or true love never did run smooth.

これって恋かしら……！

©Manuel Harlan

©Manuel Harlan

どうなってるの？

©Manuel Harlan

が~ん！！！

©John Haynes

いやだ～

喜劇

©Manuel Harlan

恋の骨折り損
Love's Labour's Lost

名セリフ
「学問はわれわれ人間に仕える従者にすぎない」
Learning is but an adjunct to ourself.

上演時間 約3時間

あらすじ
宮廷を学問の園にするために禁欲生活を始めたナバール国王と3人の臣下。そんな無理な誓いは、フランス王女たちの訪問で破綻してしまう。

見どころ
「女性にはまったく会わない」といった、無理そうな設定がおもしろさを誘う。恋に落ちた国王たちと王女たちとのすれ違いも見もの。

違いますわ！

©John Haynes

©John Haynes

聞いたことある？
シェイクスピア語録

- この世界は、すべてこれひとつの舞台（お気に召すまま）
- 金は借りてもいかんが、貸してもいかん（ハムレット）
- 終わりよければすべてよし。終わりこそ、つねに王冠ですよ（終わりよければすべてよし）
- 名誉ってなんだ？ 言葉だ（ヘンリー4世）
- おまえもか、ブルータス！（ジュリアス・シーザー）

シェイクスピアがつくったことば

ラブレター love letter	管理する人 manager	出生地 birth-place
フットボール football	ワニ alligator	階上へ upstairs
寝室 bed-room	批評家 critic	階下へ downstairs
ひとりぼっちの lonely	荷物 luggage	前へ forward
公正なやり方 fair play	農家 farm-house	より低い lower

トン、トン
Knock, Knock

どなた？
Who's there?

知らなかった！

ハムレット
Hamlet

上演時間 約3時間

名セリフ「このままでいいのか、いけないのか、それが問題だ」

To be, or not to be;
that is the question.

あらすじ
国王であった父が殺され、すべては叔父クローディアスの企みだったと知ったハムレットは、復讐を決意する。

見どころ
恋人オフィーリアとも別れ、復讐の鬼と化したハムレットが狂気を演じるさまには、さまざまな人間の内面が見え隠れする。

リア王
King Lear

上演時間 約3時間

名セリフ「人間、生まれてくるとき泣くのはな、この阿呆どもの舞台に引き出されたのが悲しいからだ」

When we are born, we cry that we are come
To this great stage of fools.

あらすじ
老いた王リアは、国を分け与えた娘ふたりに裏切られる。唯一、父を助けようとした3女が殺され、リアもこの世を去る。

見どころ
老いが王を追い詰めたのか、言葉のみを信じてしまったリア。3女コーディリアを失ったリアの嘆きが人間の愚かさを伝える。

おのれ!!!
え〜ん

©John Haynes

4大悲劇

ロミオとジュリエットは悲劇？
運命に翻弄され悲しい結末にいたる、あまりにも有名な悲恋物語。だが、4大悲劇ほど人間の内面をえぐり出すような重厚感はなく、脇役の笑いを誘うセリフも多い。

オセロー
Othello

上演時間 約3時間

名セリフ「愚かにではあるがあまりにも深く愛した男であった」

One that loved not wisely
but too well.

オ、オセロ
愛してしまったのよ〜

あらすじ
忠実だと信じていた部下のうそで、妻が不倫していると誤解するオセロー。嫉妬のあまり妻を絞殺してしまう。

見どころ
すべての真実を知った後、隠し持った短剣で自害するオセロー。凄惨な終幕に、何が罪だったかを考えさせられる。

マクベス
Macbeth

上演時間 約3時間

名セリフ「いいは悪いで悪いはいい」

Fair is foul, and foul is fair.

このやう愛してみよ!!
ひ〜
©Manuel Harlan

あらすじ
魔女の予言を真に受け、妻にそそのかされるままに、王や友人を殺して王座を得るマクベス。だが、亡霊に悩まされ始める。

見どころ
野心を果たそうとする間は強く結ばれていた夫婦の絆だが、権力を手に入れた後、次第に崩壊していき、夫人は自ら命を絶つ。

プチ
ぼうけん
10

女王様が眠る城があり王族も住む
ロイヤルタウン、ウィンザーへ

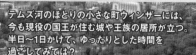

テムズ河のほとりの小さな町ウィンザーには、
今も現役の国王が住む城や王族の居所が立つ。
半日〜1日かけて、ゆったりとした時間を
過ごしてみては?

ロイヤルの雰囲気が漂う町へ

TOTAL
4時間

オススメ 10:00〜
時間 14:00
予算 £50〜

ウィンザー城の近衛兵交替式
原則として火・木・土11:00〜、所要約
45分。城内での衛兵交替式を見るには
城への入場券が必要。城に到着するまで
の様子なら入場しなくても見られる。日
時は下記のウェブサイトで要確認。
URL www.householddivision.org.uk/index.
php?action=guard-at-windsor-castle

ウィンザー城内にある
ラウンドタワー

ウィンザーの町にあるギルド
ホール。ここでチャールズ国王と
カミラ夫人の民事婚が行われた

Windsor Town

ヴィクトリア
女王だよ

テムズ河沿いの
散策も楽しい

橋のたもとにはたくさ
んの白鳥が群れている。
時間が許すなら、西側
にある乗り場から、周
辺を巡るボートでテム
ズ河遊覧を楽しみたい。

テムズ河を挟んで南にウィ
ンザー城、北に名門イート
ン校の広大な敷地がある

王室のカルチャーを
たっぷり感じよう

ウィンザー城を訪れたらテムズ
河へ下り、河沿いを抜ける風
を感じながら散策してみよう!
さらに北部のイートン校を訪れ
たり、城から南下してロング・
ウオークを歩くのもおすすめ。

かつては
王族も使った駅

ウィンザー ロンドン

🚃 ウィンザーへのアクセス
ロンドン・パディントン駅から
スラウSlough駅で乗り換えて
Windsor & Eton Central駅
へ。乗り換え時間も入れて
40分。またはWaterloo駅か
ら直通でWindsor & Eton
Riverside駅へ1時間。

Windsor & Eton Central駅には、王室列車を牽引していたとい
う機関車が展示されている。小規模なショッピングセンター
にもなっていて、食事ができるカフェやレストランもある

イートン校 P.53
Eton College

High St.

リバーサイド駅

テムズ河
Barry Av. Thames Av.

Alexandra
Gdns.

ウィンザー城 P.53
Windsor Castle

中央駅 S フッジ・キッチン
Central Sta.
ショッピング
センター

ギルド・ホール

ロングウオーク
Long Walk

Peascod St.
High St.

N

Victoria St.

Leopold Rd.

0 300m

ウィンザー

ここでも
衛兵交替を
見ることができる

1,2 セント・ジョージ
礼拝堂。英国ゴシック
様式の壮麗な内部
©David Herraez Dreamstime.com
3. ウィンザー城内に
ある優雅なステート・
アパートメントの部屋
©Felix Bensman Dreamstime.com

国王の離宮であり世界最大の居城

ウィンザー城
Windsor Castle

1000年にわたってイギリス王
室の歴史を見てきた城で、エリ
ザベス女王もお気に入りだった
という。ステート・アパートメ
ントにはルーベンス、レンブラ
ント、ヴァン・ダイク、ゲインズボロなど、王室所有の名画が並ぶ。女
王が眠るセント・ジョージ礼拝堂やクイーン・メアリーの人形館も必見。

Map 本誌P.52

🏠Windsor Castle, SL4 1NJ　☎0303.123 7334　🕐10:00～17:15 (11～2月は16:15) 最終
入場16:00 (11～2月15:00)　セント・ジョージ礼拝堂は月～木～土 (14:30以降、特に土曜は入場
制限されることがある)　ステート・アパートメントへの入場は最終入場30分前に終了　🚫火・水、これ
以外にも王室関連の行事などのため、閉館や日時変更などがあるため、ウェブサイトなどで要確認
💷£30 (前売り£28)　🔗www.rct.uk/visit/windsor-castle

王室行事の道
ロング・ウオーク

ウィンザー城の南側にあるジョージ4世門から延
びる4.8kmの長い一本道で、ジョージ3世の騎馬
像まで徒歩で1時間ほど。エリザベス女王の葬列
もこの道を通ってウィンザー城に到着した。気ま
まにウオーキングを楽しむ人々も多い。

手作り
なんだよ！

ファッジを選んで箱詰めしてもらえる。小
さなファッジがセットになったボックスも

癖になる甘さ
ファッジ・キッチン　Fudge Kitchen

ファッジとは、砂糖やバター、牛乳などを加
熱して練り上げたキャラメルに近いお菓子。
チョコレートなど、さまざまなフレーバーが
ある。手作りならではの、風味豊かで甘～い
ファッジを試してみて。

Map 本誌P.52

🏠20 Thames St., SL4 1PL
☎01753.862440　🕐10:00
～18:00　🚫一部の祝　💳M.V.
🔗www.fudgekitchen.co.uk

王室のご子息も通った
伝統あるイートン校　Eton College

ウィンザー城からテムズ河を渡り、北に歩い
て10分ほど。ウィリアム皇太子やヘンリー
王子、ボリス・ジョンソン元首相、俳優のエ
ディ・レッドメインなど、数々の政治家や著
名人を輩出している名門私立校。

Map 本誌P.52

🏠Eton College, SL4 6DW　☎01753.370100
🔗www.etoncollege.com

Spy×Family
のモデル!?

イギリスで
も珍しい燕
尾服のよう
な制服

絵本のようなかわいい町ライで クリームティーと雑貨ハント ♥

ティータイムも楽しんで！

かつては、すぐそばまで海岸線が迫っていて、戦の要衝だったというライ。
密輸ギャングの本拠地だったとの言い伝えがあるけれど、今はこぢんまりした愛らしい町。
アンティークのような町を半日かけてお散歩してみよう。

RYE

すてきな通りね！

町を守ったイプラ・タワー

ロンドンでは味わえない カントリーサイドでのんびり

町をのんびりお散歩

オススメ時間	10:00〜15:00
予算	£60〜

TOTAL 5時間

聖メアリー教会を目印に
小高い丘のようになっているライの町。
その頂上に聖メアリー教会があるので、
迷ったときの目印にしても。ショップは
町のあちこちに点在しているし、アン
ティークは南西のエリアに多い。

ただ歩くだけなら2〜3時間くら
いで回れてしまう小さな町。大き
な町にありがちなチェーン店がな
く、小さいながらも個性的な品を
集めた店が多いので、見つけたら、
どんどん入ってみて。

ABCD

☆ 1. アルファベットノート。サヴィアで
2. 3. アンティークの食器探しも楽しい

SUGAR

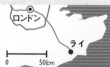

ロンドン
ライ
0 ── 50km

🚃 **ライへのアクセス**
ロンドン・セント・パンクラス駅から高
速列車でアシュフォード・インターナ
ショナル駅まで40分。イーストボーン
方面の列車に乗り換えライ駅まで20分。

僕が運ぶよ！

ライ

ライ駅 Rye
ランドゲート
New Rd.
Rope Walk
Tower St.
Landgate
Bedford Pl.
Crown Fields
Station Approach
Cinque Ports St.
Hilder's Cliff
Fishmarket Rd.
Ferry Rd.
Conduit Hill
East St.
コブルズ・ティールーム P.55
Market Rd.
歴史がわかる小さな博物館にもなっている
High St.
サヴィア ⑤ P.55
The Mint
Church Sq.
聖メアリー教会 P.55
マーメイド・イン P.55
Mermaid St.
イプラ・タワー
ラム・ハウス
Watchbell St.
フレッチャーズ・ハウス P.55
Trader's Passage
Strand Quay
Traders Passage
N
Rock Channel
ライ・ヘリテージ・センター
Strand
South Undercliff
Winchelsea Rd.
アンティークショップが集中している
Shipyard Ln.
0 ── 200m

ライ散策モデルプラン

プチ
ぼうけん
11

かわいい町ライでクリームティーと雑貨ハント♥

10:30 ストランド周辺 The Strand

アンティークショップ巡り

観光案内所の役割もするライ・ヘリテージ・センター周辺に、アンティークショップが多い。Strandの小路に集まっているアンティークショップは小さな店ばかりなので、いくつか立ち寄ってみよう。

Map 本誌P.54

🏠 Strand 🕐 店によるが日曜は休みのところが多い

1. アン王女結婚記念のマグカップ 2. キッチングッズを集めた店も 3. カラフルなジョウロ 4. あたたかみがあるポット 5. ガラス作家の皿 6. カップ＆ソーサー

11:30 マーメイド・ストリート Mermaid Street

石畳のマーメイド・ストリートを歩く

丸い石が敷き詰められた通りには、11世紀に建てられ、今はレストランになっているマーメイド・イン Mermaid Inn がある。悪名高い密輸ギャング、ホークハーストの本拠地だったという。

Map 本誌P.54

13:00 聖メアリー教会 Church of St. Mary

教会の塔に上ってみよう

1. 塔の上からの眺め 2. 一番上には風見鶏も 3. 塔に上る途中で時計の仕組みも見られる

古い部分は1150年頃のものという歴史ある教会。ここにある時計は、イングランドで現在動いているなかで、最も古いもののひとつだそう。時計台の塔からはライの町が一望できる。

Map 本誌P.54

🏠 Church Sq., TN31 7HF ☎01797.222318 🕐6〜8月 9:15〜17:30 9〜5月 9:15〜16:30 🈔一部の祝 💴無料 時計台£4

12:00 フレッチャーズ・ハウス Fletchers House

ランチでひと息

食べにきてね！

聖メアリー教会の前にある、木の梁と白い漆喰の壁が印象的な、チューダー調様式の建物。地元の食材を使ったモダンブリティッシュのシーフードレストラン。

内部も歴史を感じさせる

Map 本誌P.54

🏠2 Lion St., TN31 7LB ☎01797.222227 🕐水〜土12:00〜15:00、18:00〜22:30 🈰12:00〜17:00 🈔月・火、一部の祝 💴ランチ2コース£24、3コース£29 Card M.V. URL www.fletchershouse.co.uk

15:00 コブルズ・ティールーム The Cobbles Tea Room

ラブリーなティールームでほっこりお茶を

たっぷりのクロテッドクリームが最高！

看板からしてラブリーなMint St.から小路を入った小さなティールーム。スコーンと紅茶のクリームティーはボリューム満点。おいしそうな手作りケーキのほか、ランチも楽しめる。

Map 本誌P.54

🏠1 Hylands Yard, Off The Mint, TN31 7EP ☎07485.437893 🕐10:00〜17:00 🈔一部の祝 クリスマス前後は不定期営業 💴クリームティー£8〜 Card M.V.

14:00 サヴィア Savia

かわいい小物がある雑貨店でお買い物

1. アリス柄のタイル 2. 木作りの置物 3. シアバター入り石鹸

聖メアリー教会から駅に向かって坂を下りる道の途中にある。木のオブジェやマグカップ、文具、カードのほか、この地方の石鹸など、セレクトされた品々が並んでいる。

Map 本誌P.54

🏠5 Lion St., TN31 7LB ☎01797.458181 🕐10:00〜17:00（日11:00〜16:00）🈔一部の祝 Card M.V.

55

1泊でも
日帰りでも！

はちみつ色のコッツウォルズへ！
憧れのマナーハウス体験も

「ラブリー！」という言葉がぴったりの愛すべき田舎コッツウォルズ地方。
この地方の丘には、昔ながらの面影を残す小さな村が点在する。
ウオーキングを楽しみ、土地で採れた作物を味わう、すてきな旅をしてみよう。

ケーキもラブリー！

暖炉の明かりに
ほっとできる宿

テットベリーの
マーケット・ハウス

はちみつ色の
家並みね！

中世の石畳が残るテットベリー

のんびりお散
歩も楽しい

バラの香りに…

Cotswolds

コッツウォルズって
どんなとこ？

羊が草を食む丘に囲まれ、小さな村にははちみつ色の石造りの家々が並ぶ。そんなコッツウォルズ地方は、イギリス人にも一番人気。かつてはウール産地として栄えたため、珠玉のアンティークに出合えることも。

かわいい部屋で
ぐっすり眠れそう

優雅なアフタ
ヌーンティー

列車とバスで日帰りもOK！
マナーハウス1泊体験も楽しみ

いいとこ
にゃ～♪

列車とバスで行く コッツウォルズの回り方

テットベリーは、かつてマーケットタウンとして栄え、王室ゆかりのショップもあるおすすめの町。アクセスも比較的いい。もっとゆっくり田舎を楽しみたいなら、優雅なマナーハウス滞在もプラスしよう。

 ロンドン
パディントン
駅 →
列車で 約1時間15分 → ケンブル 約25分 → バスで テット
ベリー

ストラウド
ケンブル
テット
ベリー
ロンドン
ヒースロー
空港

0　50km

TOTAL
1～2日

コッツウォルズへ

オススメ 時間	10：00～ 17：00	予算	交通費£70～ 食費£40～

交通機関は事前に確認を
コッツウォルズを公共交通機関で巡る場合、バスの変更などがよくあるので、イギリスの交通機関の確認ができるトラベライン URLtraveline.info で確認しよう。

ロンドン・パディントン駅からケンブルへはチェルトナム・スパCheltenham Spa行きの列車で約1時間15分。スウィンドンで乗り換えの場合もある。ケンブルからテットベリーまでバスで約25～30分。月～金曜1日6本、土曜1日3本程度。ストラウド経由で行くこともできる。ストラウド～テットベリーはバスで約50分。詳細は現地やトラベラインなどのウェブサイトで確認を。

次の
列車は何時？

まずは **アンティークも揃う 王室ゆかりのテットベリーへ**

チャールズ国王の農園と私邸も近く、気品を感じる町並み。カフェとアンティークショップがいくつかあり、町の真ん中のマーケット・ハウスでは、日によってイベントも。

はちみつ色のコッツウォルズへ！

すてきな掘り出し物見〜っけ！

KATY APPLES 69¢ for small bag

ようこそわが町へ！

Tetbury

1. ファーマーズマーケットで 2. 今も現役、中世からのタウンクライヤー 3. 中も見学したい聖メアリー教会 4. マーケット・ハウスでは古本市が開催されることもある

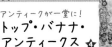

1. マホガニーの寄せ木細工の箱 2. 19世紀の子供用食器 3. 70年代の壁掛け時計 4. 刺繍の匂い袋

アンティークが一堂に！
トップ・バナナ・アンティークス ☆
Top Banana Antiques

ジュエリー、家具、絵画など、アンティークや20世紀のビンテージを専門とする約50のディーラーが集まったアンティークセンター。

Map 別冊 P.27-C2 テットベリー

⌂ 1 New Church St, Tetbury GL8 8DS ☎01666.502978
🕐10:00〜17:00 ㊡一部の祝
URL topbananaantiques.com

ゆっくり見てネ☆

1. ナチュラルテイストな店内 2. 鶏がモチーフのコースターセット 3. 鮮やかな国産シルクのバッグ

国王が携わるお店
ハイグローブ・ショップ
Highgrove Shop

チャールズ国王の別邸ハイグローブをテーマにしたギフトとオーガニック商品の店。スイーツやガーデニンググッズもある。

Map 別冊 P.27-C2 テットベリー

⌂10 Long St., Tetbury, GL8 8AQ
🕐月〜土9:30〜17:00 日10:30〜16:30 ㊡一部の祝
URL www.highgrovegardens.com

Stroud

新鮮な野菜がたくさん！

1. ラベンダー入りマーマレード 2. 買い物客と観光客でにぎやか！ 3. ハーブ酒やハーブビネガーも

土曜ならストラウドのマーケットに行ってみて

毎週土曜の9:00〜14:00にストラウドのマーケット・プレイス周辺で開かれる市場は、おいしいローカル食材の宝庫！ 採れたて野菜はもちろん、名物スポッティー豚のホットドッグなど食べ物屋台もたくさんあるから、ピクニック食材を調達するのにピッタリ。

マーケット・プレイス **Map** 別冊 P.27-D1

できれば **憧れのマナーハウス**
にも泊まってみたい!

コッツウォルズには、カントリーサイドならではの、広大な自然を堪能できるマナーハウスが多い。戸外の散策や優雅なインテリアの部屋で過ごす特別な時を体験してみて。

マナーハウスって何?
かつて貴族や土地の名士たちが所有していた、広大な敷地や邸宅を利用した宿。手入れが行き届いたガーデンがあったり、グルメもうなる食事を楽しめるところも。

どうぞ召し上がれ

アフタヌーンティーやグルメも満喫!

Special Stay

1. 敷地内にあるパブで 2. お茶の時間も優雅に 3. 温水のジャクージ 4. 落ち着いたインテリア 5. はちみつ色の建物 6. スイートルーム。部屋は全部で12室

カルコット Calcot

Map 別冊P.26-A2
テットベリー近郊

テットベリーから約6kmの所にあるゴージャスなマナーハウス。どこまでも続くなだらかな丘を眺めながら、屋外のジャクージバスにつかれば最高に幸せな気分!

🏠 Near Tetbury, GL8 8YJ
☎01666.890391 💷£264〜
Card A.M.V. 🚃ストラウド駅かケンブル・Kemble駅よりタクシーで約25分
URL www.calcot.co

広大な庭を散策したあとはグルメなレストランで食事を

広いお屋敷です

1. 格調あふれる外観 2. ベッドルームは26室 3. 午後のお茶を楽しんで 4. ゆったり時を過ごせる

ローズ・オブ・ザ・マナー
The Lords of the Manor

Map 別冊P.26-B1
アッパー・スローター

17世紀からあるというこのマナーハウスは、ヘンリー8世から今まで所有者を幾度も代えながら優雅なたたずまいを保ち続けている。建物も庭も絵のような美しさ。

🏠Upper Slaughter, GL54 2JD
☎01451.820243 💷£240〜
Card A.M.V. 🚃モートン・イン・マーシュMoreton in Marsh駅よりタクシーで約30分
URL www.lordsofthemanor.com

ゴルフや釣りも楽しめる
中世紀の館でのんびり滞在

マカロンちょうだい

1. 重厚さのある室内 2. 丘を一望する 3. 森の中にたたずむ館 4. 伝統的な3段トレイがすてき 5. 子供にも人気のスイーツたち

マナー・ハウス
The Manor House

Map 別冊P.26-A3
カースル・クーム

カースル・クームの村にある優雅な館。広大な敷地内を散歩するもよし、アフタヌーンティーでスイーツを楽しむもよし、スパで癒やしのトリートメントを受けるのもよし。

🏠Castle Combe, SN14 7HX
☎01249.782206 💷£250〜
Card A.D.M.V. 🚃チッペナムChippenham駅よりタクシーで約20分
URL www.exclusive.co.uk/the-manor-house

こんな町や村にも行ってみたい

川沿いを
散策しよう

はちみつ色のコッツウォルズへ！

コッツウォルズには、小さくて
かわいらしい村があちこちに点在している。
交通の便がよくないので、鉄道やバスだけで
行きにくいところも多いけれど、
ツアーを利用することもできる。

マーケットも
楽しみ！

コッツウォルズの中心
サイレンセスター
Cirencester

イギリスがローマの植民地だった頃、ロンドンに次ぐ第2の都市として栄えた町。アーツ＆クラフト運動発祥の地ともいわれる。月曜と金曜のマーケットも楽しみ。ケンブル駅やヒースロー空港からバスもある。

Map 別冊P.26-A2 コッツウォルズ中央部

のんびり
楽しもう！

にぎやかな町
ボートン・オン・ザ・ウォーター
Bourton-on-the-Water

モートン・イン・マーシュからバスでも行けるので、観光客に人気が高い村。低い石橋を渡ったり、水辺でくつろいだり、川を中心にした「水の都」を楽しめる。

Map 別冊P.26-B1
コッツウォルズ北部

約25分

ストラトフォード・
アポン・エイヴォン

チッピング・
カムデン

モートン・イン・
マーシュ

ボートン・オン・
ザ・ウォーター

約15分

ストラウド

バイブリー

サイレンセスター

オックスフォード

約15分

約25分

約30分

テットベリー

ケンブル

スウィンドン

ブリストル

カースル・
クーム

チッペナム

約15分

バース

◎＝鉄道駅がある町　🚗＝車での所要時間

メェ〜

わあ、
広大だね！

素朴な味わいの小さな村
カースル・クーム
Castle Combe

17〜18世紀建造の家並みや村の中心にあるマーケット・ホールが、手を加えることなく残されている。周辺のウオーキングも楽しい。

Map 別冊P.26-A3
コッツウォルズ南部

花咲くマーケットタウン
チッピング・カムデン
Chipping Campden

コッツウォルズ北端のマーケットタウン。重厚な石造りの家や教会が並ぶハイストリートは古きよき時代をしのばせてくれる。ストラトフォード・アポン・エイヴォンからバスもある。

Map 別冊P.26-B1 コッツウォルズ北部

の咲く
季節も
いいね！

イギリス一美しい村
バイブリー
Bibury

1380年に羊毛業のための収納庫として建設されたというはちみつ色でできたコテージ、アーリントン・ロウの家並みで有名。スワン・ホテルのブラッセリーでアフタヌーンティーも。

アーリントン・
ロウだよ

Map 別冊P.26-B2,P.27
コッツウォルズ中央部

コッツウォルズの
便利な鉄道路線

- ●ロンドン〜オックスフォード〜モートン・イン・マーシュ〜イーヴシャム
- ●ロンドン〜レディング〜スウィンドン〜チッペナム〜ブリストル
- ●ストラウド〜ケンブル〜スウィンドン

ロンドン発！コッツウォルズを巡るツアー

日本語アシスタント付き。催行日程は不定期なので要確認、要予約。8:00台に出発、所要約10時間。

催行会社：→別冊P.25

コッツウォルズ
ハイライト1日周遊

骨董店があるバーフォード、バイブリー、ボートン・オン・ザ・ウォーター、マーケットタウンとして栄えたストウ・オン・ザ・ウォルドを巡る。£89

『ダウントン・アビー』ロケ地など
＋コッツウォルズ1日観光

人気テレビドラマ『ダウントン・アビー』の撮影が行われたバンプトン村、世界遺産のブレナム宮殿、ボートン・オン・ザ・ウォーターを巡る。£94〜99

『ダウントン・
アビー』ロケ地 →P.35

上：ボートン・オン・ザ・ウォーター　右：ストウ・オン・ザ・ウォルドのマーケット・スクエア

スピリチュアル大国イギリス

神秘のカードで運命を占う！

Ⅹ Ⅵ 塔
The Tower
突然の変化、油断をするなという警告

（左）Ⅲ 女帝
The Empress
母のような愛情、打算

（右）ⅩⅩ 審判
Judgement
ついている、ついていない（どちらにも転ぶ）

0 愚者
The Fool
ナイーブで柔軟、一から始める

ミステリアスなものが大好きなイギリスの人々。占いで、運命の扉を開いちゃう!?

Ⅲ 三本のワンド（杖）
Three of Wands
興味、冒険／裏切り

Ⅲ 三本の剣
Three of Swords
闘い、パニック

Ⅵ 六本の剣
Six of Swords
旅、移住
行き詰まる

スピリチュアル・ブリテン
モノより心、という生き方に魅了されたヒッピーたちも多い英国。タロットやカバラ、風水などを合わせたユニークな占いをする人がけっこういる。

占いの手順

1 カードを選んで
カードに触る前に占い師さんと向かい合って波長合わせ。「あなた乙女座？」大アタリ！　そして4枚のカードを選び性格を見る。

2 どんどん選んで
次にカードを自分でよく切り選ぶ。「何も考えずに、手をかざすと吸い付く感じがするカードを取ってね」ドキドキ。

3 どんな結果が？
仕事運を占うケルト十字の形に並べる。今の状況や、これから起こりそうなことをいいことも悪いこともていねいに教えてくれる。

／コレね！

ミニ会話

タロット占いをお願いします
Tarot reading, please.

（カードを指して）どういう意味ですか？
What does this mean?

最愛の人に出会えますか？
Will I meet my true love?

静かな地下のフロアだよ☆

Quiet
browsing

タロット占いができるところ
トレッドウェル・ブックス
Treadwell's Books

ミステリアスな本や雑貨が揃っている店の地下に、占いをしてくれる部屋が用意されている。経験豊かな占い師8人がこれから3〜9ヵ月の間に起こることなどをタロットで占ってくれる。特に聞きたいこと、気になることがあればカードを切る前に質問するように言われる。18歳以上。

☎020.7419 8507　 営毎日12:00〜18:00（店が休みの日は実施しない）　料30分£40、1時間£70　 要予約。予約は電話かウェブサイトで申し込みメールで

ショップ→P.139

星占いと占いグッズならココへ！

1. 水晶パワーで幸せを　2. 虹色天使の飾りは魔よけ　3. ろうそくをともすと回るかわいいエンジェルたち　4. 水晶でできた守護天使像　5. 誕生石を入れて持ち歩くプチ袋

水晶パワーで癒やします

ぴとっ

占星術ショップの老舗
アストロロジー・ショップ
The Astrology Shop

有名占星術師の占いや開運地図など、さまざまなタイプの星占いをプリントしてくれる（有料）。癒やし系から占いグッズまでギフトも充実！　占星術研究家の鏡リュウジさんも訪れる店。

Map 別冊P.17-C1 コヴェント・ガーデン

🏠 78 Neal St., WC2H 9PA
☎ 020.7813 3051
🕐 11:00〜18:00　 一部の祝
Card M.V.
Ⓔ Covent Gardenより徒歩6分
URL londonastrology.com

知的好奇心が
わいてくる！

イギリスが誇る芸術に感動！
マスト観光スポット＆
博物館おもしろ案内

ロンドンには見るべきものがた～くさん。
初めてでも、何度訪れても、新しい発見がある街。
少し視点を変えて見てみたら、
ほ～ら、ひと味違うおもしろさが見えてきたでしょ☆

SIGHTSEEING

Day1 憧れのロイヤルプラン

ロイヤル・ウエディングや王族女性のファッションなど、話題を振りまき続けるイギリス王室関連を中心に回ってみよう。

どれにしようかなぁ

9:30 ロイヤル・ウエディングの場所
ウェストミンスター寺院 P.69

ロンドンらしいネ〜

王室の教会とも呼ばれ、王室ゆかりの行事の場となる。世界遺産にも登録されている。そばに立つ国会議事堂とビッグ・ベンの外観も撮っておこう。

徒歩約15分

10:00 王室の居所
バッキンガム宮殿

当日券では入場に遅い時間に指定されることもあるので早めにオンライン予約で時間指定を。時間的には厳しいけれど、急いでバッキンガム宮殿を見てから衛兵交替を見学することも可能。 P.38・68

徒歩約10分

12:30 ### ウォルスリーでランチ P.93

イギリスらしい優雅なひとときを。クリームティーやアフタヌーンティーも楽しむことができる。グリーンパーク駅から地下鉄に乗ろう。

地下鉄約5分

14:00 ヴィクトリア女王ゆかりの P.74
ヴィクトリア・アンド・アルバート博物館

隣は自然史博物館！P.77

ファッションやジュエリー展示を見たり、凝った内装のカフェ・レストランもあるのでお茶するのもいい。

徒歩約15分

15:30 故ダイアナ妃も住んだ
ケンジントン宮殿

P.68

ロイヤルファミリーのすてきなドレスや暮らしぶりが見たい！ クイーンズウェイ駅から地下鉄に乗ろう。

地下鉄約10分

17:00 ### ウエストフィールド
でショッピング＆ディナー P.148

ショップもレストランもたくさんあるから、テンション上がりすぎちゃいそう。

Day2 テムズ沿いを行くプラン

テムズ南岸に沿って遊歩道が整備されているから、散歩がてら、気分よく見て歩けるのが魅力。

9:00 ドーム天井は必見！
セント・ポール大聖堂 P.76

入ってみると、天井の高さに驚くのでは？ ミレニアム・ブリッジを渡って南岸のテート・モダンへ。

徒歩約10分

10:30

タービン・ホールカッコイイ！

旧発電所の建物が独特のイメージ P.77
テート・モダン

入ってすぐの巨大なタービン・ホールでは展示だけでなくインスタレーションがあることも。

徒歩約5分

12:30 グルメ屋台を探検
バラ・マーケット

P.99

マーケット内で買ったものを食べる椅子やテーブルもあるし、天気がよければテムズ沿いで食べるのもいい。

徒歩約5分

アルバート公記念碑
Albert Memorial

ケンジントン宮殿にも近い、ケンジントン・ガーデンズの南端にある記念碑。ロイヤル・アルバート・ホールを眺めるようにして立つ塔で、中心には、大英帝国を築いたヴィクトリア女王を支え続けた、最愛の夫君アルバート公が座っている。
Map 別冊 P.14-B3 ハイド・パーク

ルート

でもどう回れば効率的？
のためのaruco最強プラン！

さあ、行ってみよ☆

13:30 ロンドン屈指の眺望
シャード P.78

休憩がてら、ロンドンを
上から探訪してみよう。

徒歩
約15分

14:30 歴史の逸話に
事欠かない
ロンドン塔

ロンドン塔にもいるよ！

塔内は見どころいっぱい！ オーディオガイドを借りて、じっくり見学。疲れたら、ロンドン塔内のカフェでひと休み。 P.69

徒歩
約5分

17:00 ロンドンでいちばん有名な橋
タワー・ブリッジ

ガラス張りの歩道橋からテムズ沿いのロンドンを眺めてみよう。 P.76

優雅な姿だなぁ

橋が上がることも！

徒歩
約10分

18:30 おいしいモダン・ブリティッシュを P.160
スワン

テムズ河を望むスタイリッシュな空間で、イギリス産の食材を使ったモダンなイギリス料理を食べられる。

ランチセットもお得！

最強！ 必見スポット巡りプラン

Day3 巨大な2館を制覇するプラン

ミュージアムとギャラリーを、半日ずつかけて、じっくり攻めてみる。

10:00 希少なフェルメールも
観られる**ナショナル・ギャラリー** P.77

イタリア・ルネッサンスから印象派まで。広々とした館内は人が少し多くても、鑑賞しやすい。

徒歩
約3分

11:30 教会の地下にある
クリプト P.98

巨大ギャラリーを観たあとは、少し早めのランチでゆっくり休憩。トラファルガー広場のすぐ横、教会の地下にあるレストランは、セルフサービスで気取らず利用できる。

地下鉄
約10分

14:00 どうやって見て歩く？
大英博物館 P.70

自分の興味があるものをじっくり見つけて眺めることができるのが、この巨大ミュージアムのよさ。

日本の展示もあるよ

徒歩
約3分

15:30 専門書店の地下にある
ティー・アンド・タトル P.93

ミュージカルに備えて、遅めのアフタヌーンティーを。サンドイッチもおいしい。

地下鉄
約15分

17:30 カワイイものもいっぱい☆
リバティ P.116

小花模様のプリントに代表されるリバティプリントを扱うデパート。リバティプリントの小物をGet！

地下鉄
約20分

19:30 感動のミュージカル！ P.80
レ・ミゼラブル

歴史ある劇場だよ

『民衆の歌』や『夢やぶれて』など、印象的なナンバーが多く、最高に盛り上がる。

食べこんなの、べたい！

ミュージアム＆ギャラリーのレストラン

ロンドンのミュージアムやギャラリーには、たいていカフェやレストランが入っている。セットのランチが食べられる大英博物館のグレートコートレストラン、内装がいいヴィクトリア・アンド・アルバート博物館のカフェなど、美術鑑賞に疲れたら、おいしいもので充電してみては？

大英博物館のグレートコートレストランではアフタヌーンティーも楽しめる。

63

個性的でオモシロイ
英国ロイヤルファミリー

ロンドンの見どころといえば、バッキンガム宮殿に衛兵交替、ロンドン塔、ウェストミンスター寺院、セント・ポール大聖堂などなど。どれも王室ゆかりのものばかり。イギリスの歴史と切っても切れない王室についても、おさらいしましょ。

若き日の
エリザベス女王

新聞には
王族の話題
も多い

イギリス
王家の紋章

> つっこみネタ満載!!
> 王室ファミリーをご紹介

どうなる？ 王室
チャールズ国王

「オーガニック王子」とあだ名されるほど有機農法にゾッコンで、古き英国を愛しモダンな建物が大嫌い。結婚生活が破綻すると「英国史上初の愛人のいない国王になれっていうの？」と居直り、元妻の死後に愛人と再婚し決定的不人気に。女王の崩御にともない国王に即位。「スマートでモダンな君主制」という方針だが、果たして新時代を築けるか？

国王の愛車は？
クラシックカーのアストン・マーチンDB6を所有。女王からの21歳のバースデイプレゼントとのこと。環境に配慮して、バイオ燃料で走るように改造してあるのだそう。

CHARLES

ELIZABETH

> 女王在位
> 70年超なのよ☆

愛された女王
エリザベス

2022年9月に崩御されたエリザベス女王。若い頃はキリッとした顔立ちの美人として、庶民男性の憧れの的だった。長男チャールズをはじめ子供たちの離婚や再婚話、孫のゴシップなどに悩まされながらも、英国史上最高齢の君主として公務を遂行する姿は、多くの国民から支持されていた。女王亡きあとの王室の行方はどうなるのか？

> 私は庶民の
> プリンセスよ！

悲劇のヒロイン
ダイアナ妃

夢のような結婚は破綻し離婚、BFとデート中に自動車事故で死亡。生前は「ハデで自己チューな母」と非難されまくっていたのに、事故後はコロッと「悲劇の聖女」に。イギリス人もけっこう軽い!?

DIANA

R COLUMN

ダイアナ妃
記念噴水

元・姑であるエリザベス女王によりハイド・パーク内にオープンした噴水。小川のようなデザインで、流れる水と戯れるカップルの姿も。

エリザベス女王は○○○○○○の馬好きだったのだそう。(埼玉県・TM)

ヴィクトリア女王以降の王室

ヴィクトリア ━━ アルバート
(1837-1901)

エドワード7世 ━━ アレクサンドラ
(1901-1910) 　　オブ・デンマーク

吹き出し: 映画『英国王のスピーチ』でも知られる

メアリー・ ━━ ジョージ5世
オブ・テック　　(1910-1936)

吹き出し: 恋に命懸けて退位

ジョージ6世 ━━ エリザベス・　　　　エドワード8世
(1936-1952)　　バウズ・ライアン　　(1936-1936)

吹き出し: 愛犬はコーギーよ

エリザベス2世 ━━ フィリップ・マウントバッテン
(1952-2022)

エドワード　アンドリュー　アン　カミラ夫人 ━━ チャールズ ━━ ダイアナ妃
　　　　　　　　　　王女

メーガン妃 ━━ ヘンリー王子　　ウィリアム皇太子 ━━ キャサリン妃

アーチー　リリベット　　ルイ　シャーロット　ジョージ

ヴィクトリア女王
最愛の夫アルバートの死から一生立ち直れなかった大英帝国の女王。喪服を着続け、何でも夫が生きていた頃のままにと、最新技術だった電話や電灯を居所に付けることも「ダメ！」と言ったのだそう。

ヴィクトリア女王は子供をヨーロッパ中に嫁や婿として送りまくったので、もともと親戚が多かった各国の王族同士はさらに濃い血縁に。

結婚式の打ち上げ!?
厳かな結婚式を挙げたウィリアム王子とキャサリン妃。そのあとも堅苦しいセレモニーが続いたことだろうと思ったら大間違い。バッキンガム宮殿のスローンルームは巨大ダンスクラブに変身！弟のハリー王子の先導で、新郎新婦と親しい招待客は午前3時までガンガンに盛り上がったそう。さすが、新世代の王族といわれるだけのことはある〜。

F&M（→P.114）では王室記念品を発売することも多い

子供たちとハッピーライフ？
ウィリアム皇太子

WILLIAM & CATHERINE

2013年のジョージ王子出産に続き、2015年にはシャーロット王女、2018年にはルイ王子も誕生。日々成長していく王子や王女は、王室のスターであり、国民もあたたかく見守っている。2022年には、ロンドンのケンジントン宮殿に居所を残しつつ、子供たちの学校のためにと、ウィンザーにある「アデレード・コテージ」に新居を構えた。

吹き出し: ぼくたち絶好調だよ♪

まさかの王室離脱
ヘンリー王子

やりたい放題の「野生児」ハリー（ヘンリー王子の愛称で、イギリスではハリー王子という場合がほとんど）といわれている。アメリカの俳優メーガン・マークルと結婚、アーチー君やリベットちゃんも誕生したが、マスコミから逃れるため2020年には王室から離脱。暴露本を発表したことにより、王室との関係が心配されている。

HENRY & MEGHAN

ロイヤルファミリーの好物はナニ？
★エリザベス女王の母　チョコレートケーキ
★エリザベス女王の妹　フィッシュ&チップス
★幼い頃のチャールズ国王と兄弟　キットカット
★エリザベス女王　スティルトン・チーズ
★ヴィクトリア女王　ダチョウの卵と、もちろん ヴィクトリア・ケーキ！

ヘンリー王子の結婚式はウィンザー城（→P.53）のチャペルで行われた。

ロンドンに来たからには歩きたい 英国王室ゆかりの ロイヤルルート

王室行事の際に使われるThe Mallを中心に、ウェストミンスター寺院からホースガーズを抜けてバッキンガム宮殿へ。このルートは「This is LONDON!」ともいうべきテッパン観光ルート。

4 バッキンガム宮殿 Buckingham Palace

ほら見えてきた！

王室の居所であり執務室でもある現役の宮殿。公式晩餐会や叙勲式の会場にもなる。夏の間だけ、775室もあるというなかの19室ほどが公開されており、豪華な内装の玉座の間（スローンルーム）、ボールルーム、ホワイトドローイングルームなどが見学できる。

DATA → P.68

5 クイーンズ・ギャラリー Queen's Gallery

絵画鑑賞する？

王室の美術品を集めたギャラリー。

Map 別冊P.22-B1 ヴィクトリア

🏠 Buckingham Palace Rd., SW1 ☎0303.123 7300
🕙 10:00〜17：30 最終入場16:15 ⬛火・水、展示や王室のイベントなどにより不定休あり 💷£17
🚇⊖Victoria／Green Park Hyde Park Cornerより徒歩5分

この正門前で衛兵交替もあるよ

6 ロイヤル・ミューズ Royal Mews

馬もいるよ

王室で使う馬車の保管とともに展示もしている。

Map 別冊P.22-A1 ヴィクトリア

🏠 Buckingham Palace Rd., SW1 ☎0303.123 7300 ⬛3/2〜10/30
（'23）10:00〜17:00 最終入場は閉館1時間前 ⬛火・水。上記以外。王族の訪問日やイベントなどの日 不定休あり 💷£15 🚇⊖Victoria／Green Park／Hyde Park Cornerより徒歩5分 無料の日本語オーディオガイドあり

ザ・マル The Mall

セント・ジェームズ・パーク
St James's Park

バードケージ・ウオーク Birdcage Walk

①〜⑥までは徒歩で所要約30分。ザ・マルには、国際的な行事の際などにユニオン・ジャックが掲げられる。

☆ファッションチェック☆
キャサリン妃
お気に入りのショップはココ！！

© Allstar Picture Library／Alamy

© newsphoto／Alamy

高級ブランドばかりでなく、リーズナブルなチェーン店の服を着ることも多いキャサリン妃は、「チェーンファッションの救世主」ともいわれる。彼女が着たとわかると、その商品は即完売なのだそう。

上質でシンプルモダン
アレキサンダー・マックイーン
Alexander McQueen

キャサリン妃のウエディングドレスは、クリエイティブ・ディレクター、サラ・バートンが手がけた、シンプルでモダンなデザイン。

刺繍がかわいいクラッチバッグと鮮やかなシルクのドレス

　巡ったら2時間以上かかりました。時間に余裕をもって（富山県・みみ）

DATA → P.69

ここを通り抜けてみ

3

ホース・ガーズ
Horse Guards

騎兵の詰め所。馬に乗った衛兵がいるあたりから建物の下をくぐって、ホース・ガーズ・パレードという広場へぬける。この広場では、騎兵の交替式が行われる。

2012年に「エリザベス塔」に改名!

チラッと見とく?

2

ロイヤルグッズもいろいろ

DATA → P.76

国会議事堂とビッグ・ベン
Houses of Parliament Big Ben

正式名称はウェストミンスター宮殿。13世紀頃から審議の場として使われてきたという歴史ある場所。討論に大きなスペースは必要ないという理由で、今も小さな体育館ほどの広さの審議場を使っている。宮殿に付属する「ビッグ・ベン」の愛称で親しまれる時計塔が奏でる曲は、日本の小学校のチャイムのもとにもなった懐かしい響き。

オワイトホール Whitehall

©Westminster Abbey

DATA → P.69

START

1

ここがスタート!

ウェストミンスター寺院
Westminster Abbey

英国王室の戴冠式が行われることで知られるが、2011年のロイヤル・ウエディングとエリザベス女王の葬儀が行われたのが記憶に新しい。王族の墓所のほか、ダーウィンやニュートンといった著名人の墓や記念碑もある。

START

ここでロイヤル・ウエディングも行われたよ

© Allstar Picture Library / Alamy

© Trinity Mirror / Mirrorpix / Alamy

ベッカム夫人もお気に入り

リース Reiss

🏠 27 Old Bond St., W1S 4QE ☎020.7355 0088 ⏰10:30〜18:30（日12:00〜18:00）📅一部の祝 💳A.M.V. 🚇Green Parkより徒歩5分 🔗www.alexandermcqueen.com

公式婚約写真で着ていたのがクラシックなラインの「ナネット・ドレス」。問い合わせが殺到して急遽再販したのだとか。

Map 別冊P.15-D1 **ウエストエンド**

🏠10 Barret St., W1U 1BA ☎020.7486 6557 ⏰月〜土10:00〜20:00 日11:30〜18:00 📅一部の祝 💳A.M.V. 🚇Bond St.より徒歩3分 🔗www.reiss.com

シンプルからフェミニンまで

ウィッスルズ Whistles

もうひとつの婚約写真で着ていたのが、可憐な絹のブラウス。「ケイト」という名で再販したが、すぐ売り切れに。

Map 別冊P.15-D1 **ウエストエンド**

🏠12 St Christopher's Pl., W1U 1NH ☎020. 7487 4484 ⏰月〜±10:00〜18:00（金・±〜19:00）日12:00〜18:00 📅一部の祝 💳A.M.V. 🚇Bond St.より徒歩3分 🔗www.whistles.com

---

Warehouse、Jigsaw、Anya Hindmarch、Diane Von Furstenbergもキャサリン妃のお気に入りとか。

広大な公園の一角にある
ケンジントン宮殿
Kensington Palace

宮殿の一部は今も王族の居所として使われているが、キングス・ステート・アパートメント、クイーンズ・ステート・アパートメントなどが公開されている。ここで少女時代を過ごしたヴィクトリア女王に関する展示のほか、すばらしい絵画や天井画のあるキングス・ギャラリーなどが見どころ。

Map 別冊P.14-A3　ケンジントン

🏠Kensington Gardens, W8 4PX
☎033.3320 6000　🕐10:00〜18:00（11〜2月〜16:00）　最終入場は閉館1時間前
🈲月・火、一部の祝。不定休あり　💰£25.40〜
🚇⊖Queensway／High Street Kensingtonより徒歩5分　🔗www.hrp.org.uk

すてきなドレスがあるわ！

1.豪奢なキングス・ギャラリー　2.入口正面にはヴィクトリア女王の像もある　3.ドレスコレクションの部屋

必見!!
ロイヤルようこそ

ロンドンには、王室関連の見どころが多い。王室ならではの見どころをぜひ見ておきたい。

ロイヤルファミリーが暮らす宮殿

女王が暮らしていた
バッキンガム宮殿
Buckingham Palace

詳しくは →P.66

衛兵交替 →P.38

Map 別冊P.22-A1　セント・ジェームズ

🏠Buckingham Palace Rd., SW1A 1AA
☎0303.123 7300　🕐7月中旬〜9月下旬の予定　9:30〜19:30（9月は〜18:30）　最終入場は閉館の2時間15分前
🈲火・水　日程は変更の可能性があるので確認。入場は時間指定制（'23予定）　💰£33（事前購入£30）　日本語オーディオガイドあり　🚇⊖St. James Park／Green Park／Victoriaより徒歩5分　🔗www.rct.uk

ブルー・ドローイング・ルーム

チューダー朝の王宮
ハンプトン・コート・パレス
Hampton Court Palace

ヘンリー8世が豪華な宮廷生活を送った宮殿。もともとはヘンリー8世の重臣ウォルジィ枢機卿が造らせたものだったが、あまりに立派な館だったため、ヘンリー8世に取り上げられてしまったという。大時計や幽霊が出るというホーンテッド・ギャラリー、チューダー様式のキッチンなど、見どころも多い。

Map 別冊P.4-A3　ハンプトン・コート

🏠East Molesey, Surrey, KT8 9AU　☎020.3166 6000　🕐10:00〜17:30（11月上旬〜3月下旬〜16:00）　チケット販売は閉館1時間前日によって開館時間が細かく異なることもある
🈲1/3、12/24〜26　💰£26.10　オーディオガイドを含む（日本語あり）　冬季は事前予約割引あり
🚇列車でWaterloo駅からHampton Court駅まで30分。下車後、徒歩3分　🔗www.hrp.org.uk

1.クロック・コートの大時計　2.広大な敷地に立つ宮殿　3.チューダー・キッチン

　🏰バッキンガム宮殿のチケットはスタンプを押してもらい、1年間有効にできます。(静岡県・YH)

戴冠式、ロイヤル・ウエディングと、何かと忙しい

世界遺産になっているんだよ☆

ホース・ガーズの騎兵交替式
Horse Guards

近衛騎兵の司令部があるホース・ガーズ前の広場、ホース・ガーズ・パレードでは、騎兵隊の交替式を見ることができる。バッキンガム宮殿のものより、人垣も少なく柵もないので、比較的自由に見られるのがウレシイ。

Map 別冊P.17-C3 セント・ジェームズ

⌂Horse Guards Parade, SW1A ◷騎兵交替 月〜土11:00〜 日10:00〜 日程の変更もあるので ウェブサイトで要確認 王族のイベント、天候により休みになることもある ◷◉Westminster／Charing Cross／St. James's Park より徒歩5分 [URL]www. householddivision.org.uk

英国ロイヤル・プレイス

プレイスへおいでを
衛兵交替以外にもところがいっぱい！の豪華な品々も

王室の教会ともいわれる
ウェストミンスター寺院 Westminster Abbey

960年にベネディクト派の修道院として建立され、ウィリアム征服王が1066年に戴冠して以来、国王の戴冠式を執り行ってきた教会。内陣には王室の墓所がひしめき合い、詩人のコーナー、科学者たちの墓が集められたコーナーには、著名な人々の墓石や記念碑がある。

Map 別冊P.23-C1 ウェストミンスター

⌂20 Dean's Yard SW1P 3PA ☎020.7222 5152 ◷月〜金9:30〜15:30 土9:00〜15:00 いずれも最終入場時間 行事により閉館・変更も多いので詳細は要確認。
◷日 ⛨£27 日本語オーディオガイド込み（水曜16:30以降は含まない）
◷◉Westminster より徒歩5分 [URL]www.westminster-abbey.org

1.こちらは出口側。すぐ脇にギフトショップもある
2.パーラメント・スクエア側から

カア〜守り神だよ

血ぬられた歴史を秘めた場所

ワシが衛兵ビーフィーターじゃ

恐ろしい悲劇の舞台となった
ロンドン塔 Tower of London

王室の居城にもなったが、牢獄として使われた時代が長かったため暗いイメージがつきまとっている。「9日間の女王」レディ・ジェーン・グレーが処刑された場所やブラディ・タワーなど、恐ろしげな場所もある。

Map 別冊P.19-D2 シティ

⌂Tower Hill, EC3N 4AB ☎020.3166 6000 ◷火〜土9:00〜17:30 日・月10:00〜17:30（11〜2月は〜16:30。最終入場は閉館の2時間前）不定期変更あり
⛨1/1、12/24〜26 不定休や各施設ごとにメンテナンス休業日あり ⛨£33.60〜（オンライン£22.70）◷◉Tower Hill より徒歩5分
[URL]www.hrp.org.uk/toweroflondon

1.儀式の際には赤い衣に 2.ジュエルハウスには国宝級の宝物がある 3.塔内には今も衛兵などが住む 4.ホワイトタワー

ロンドン塔では、衛兵が案内してくれるガイドツアーもある。

正面入口から入るとすぐにあるグレートコート

グレートコート内のインフォメーションデスクでマップを手に入れ、各種ガイド本も購入可

コレさえ知っていれば大丈夫！
大英博物館攻略法

とにかく広くて展示物が多い。そして部屋から部屋への移動で少し迷ったりすることもあるので、時間がかかる。でも、ある程度ルートを頭に入れておけば、そんな不安も解消しそう。

世界中へタイムスリップ
大英博物館 British Museum

世界一の規模を誇るミュージアム。ハンス・スローン卿が集めた膨大な収集品がもとになっているが、数々の考古学上の遺産が発見されるにともない増築された。レストランやカフェなどの設備も万端。

Map 別冊P.11-C3 ブルームズベリー

🏠 Great Russell St., WC1B 3DG
☎ 020.7323.8080
🕐 10:00～17:00 最終入場16:00（金～20:30、遅い時間は一部のみ開館）
🚫 12/24～26
💴 無料（寄付金制。特別展は有料）
🚇 Tottenham Court Rd. / Holborn Russell Sq.より徒歩5分
🔗 www.britishmuseum.org
※入場時にセキュリティチェックあり。

British Museum MAP

凡例（おおまかな区分）

■ アフリカ	■ エジプト周辺	■ テーマ別展示
■ ギリシア、ローマなど	■ アメリカ、メキシコ	■ ブリテン、ヨーロッパ
■ 中東	■ アジア	■ 版画、線画

■ コイン、メダル、貨幣、時計	
■ 企画、特別展	
■ 閉鎖中	

🛈 インフォメーションデスク
🛗 リフト　🚻 トイレ　📦 ショップ
☕ カフェ　🍴 レストラン

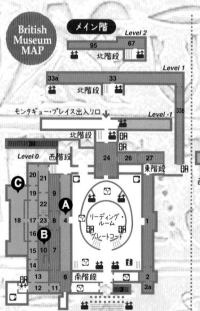

メイン階 Level 2
95　67
北階段

Level 1
33a　33
北階段

モンタギュー・プレイス出入り口
Level -1
33b
北階段

Level 0
30
西階段
24
東階段
20　21
19　9
18　17　8　5　4
15　10　7
14
13　6
12　11

C
A
B

リーディング・ルーム
グレートコート
1
2
2a

南階段

正面入口（グレート・ラッセル・ストリート）

上階
94　93　92　Level 5
北階段

91a　91　90 91a　Level 4
北階段

D　66　Level 3
60　61　62　63　64　65
59　58　57　56　55
西階段　東階段
71　35　51
70　50
49
69a　69　36　40　41　42　43a
68　37　38　39　47　43
46
48

E
G　F
H

下階
西階段
78
80　79　77
81　86
82　87
83 85 88
84　89
25　25
25

フムフム
なるほど～

70　グレートコートレストランでゆっくりランチを楽しみました。（愛知県・みゆ）

船の形の時計

神聖ローマ皇帝の机の上に置かれていたという、400年ほど前の時計。玉座に座るローマ皇帝のほか、従者や水夫なども乗っており、音楽を奏でたり、大砲から火が出たりといった仕掛けもある。

H ルーム39

ルーム39の時計の部屋には、今も動いているものもあるよ

エジプトの王様は、自分の力を誇示するために、こんなに巨大な彫像を作ったんだって

ルイスのチェス駒

スコットランドのルイス島で発見されたチェス駒。セイウチの牙を削った12世紀のもので、彫刻様式などからスカンジナビアで作られたものではないかと考えられている。

映画『ハリー・ポッターと賢者の石』で出てくるチェス駒は、これがモデル

G ルーム40

大英博物館攻略法

A ルーム4
↓

ラムセス2世像とロゼッタ・ストーン

ロゼッタ・ストーンには3種類の文字が刻まれており、神聖文字の解読に成功したことでエジプトの秘密が解明された。神殿など多くの遺跡を残したラムセス2世の像は巨大。

B ルーム10

メソポタミアライオンは20世紀には絶滅してしまったんだろう

ライオン狩リレリーフ

アッシリア（今のイラク）の王たちのライオン狩りの様子を、連続したレリーフで表現したもの。紀元前7世紀頃のもので、当時の王族の衣装や武具などもよくわかる。

鉄のカブトは発見当時粉々だったため、500以上の破片を2年ほどかけて組み合わせた

F ルーム41

↑

C ルーム18
↑

パルテノン神殿彫刻群

アテネの守護神アテナにささげられた神殿、パルテノンの東側の屋根の一部に付いていたもの。エルギン卿によってイギリスへ運ばれたため「エルギン・マーブル」とも呼ばれる。

パルテノン神殿に配置されていた順に並んでいるよ

サットン・フー墳墓出土品

英サフォーク州のサットン・フーで発見されたもので、アングロサクソン王国の君主レッド・ワルドの墓と考えられている。大量の黄金や装飾品、武器、日常品が発掘された。

↑

ウルの墓には、装飾品のほかに、従者たちが何十人も埋められていたのだろう

ルーム4からルーム21に行き西階段で上へ
↓

D ルーム62-63

ミイラ

内臓を抜き、体を乾燥させて腐敗しないようにするなど、とにかく手間のかかる工程で作られたミイラ。遺体をミイラにすることができたのは、お金持ちの人だけだった。

※展示物の変更やルーム変更などにより、ルートどおりに観られないこともあります

E ルーム56

ウルのゲームボード

紀元前2600年頃のゲーム盤。メソポタミアで見つかったウルの王墓から出土したもの。ほかにも、リラの竪琴、ウルのスタンダードと呼ばれるモザイクの箱などが発掘されている。

体の形の棺には、死後の世界で迷わないように、道案内の絵が描かれている

もっとじっくり楽しみたいなら テーマを決めて回ろう

時代ごと、国ごとという区切り以外に、動物、楽器、アクセサリー、ゲームというように、自分なりのテーマを決めて歩いてみるのもおもしろい。世界中の文化遺産が集まっているのだからこそ、いろんな見方で眺めることができるというもの。

モザイク

フシギな力がありそう

ルーム49の「ヒントン・セント・メリーの床」はイギリスがローマの支配にあった紀元前4世紀頃のもの。ルーム27の「双頭のへび」や「マスク」はトルコ石のモザイクが見事。この南米ギャラリーは、マヤ遺跡からの出土品もあり、小さいながらも見応えあり。

壺

ギリシアの競技大会の賞品にもなったよ

カメオ細工が美しい～☆

ルーム70の「ポートランドの壺」は、ローマ時代に制作されたというカメオ細工の壺。ウエッジウッドが、これをお手本にしてジャスパーシリーズを生み出したことでも有名。ほかにギリシア時代にオリーブ油やワインなどを入れたさまざまな壺の絵柄もおもしろい。

動 物

ロバのミイラだよ

ルーム62・63には動物ミイラや副葬品もたくさん。神の出現と考えられた動物たちがミイラになっている。ほかにも翼のある怪物のようなアッシリアの守護神マッソス（ルーム6）や、女神バステトの化身ゲイヤー・アンダーソンの猫（ルーム4）など、たくさんの動物がいる。

通なら行っておきたい 展示室はココ

日本 ルーム92-94
落ち着いた雰囲気の展示室には、縄文時代の壺から浮世絵、絵巻、茶室（！）、近代の本や現代の漫画まであり、日本文化をひととおり見て歩くことができる。イギリスまで来て日本のものなんて、と言わずに時間があったらぜひ。

キングス・ライブラリー ルーム1
大英博物館で最も古く壮麗な部屋で、ジョージ3世所蔵の6万冊以上の本や地図などを収蔵するために造られたもの。蔵書は大英図書館に移されたが、往時のままに復元された部屋には、興味深い展示品も置かれている。

マネー ルーム68
中国で発行されていた世界一大きな紙幣から、歪んだ形の古い時代のコイン、紙幣印刷技術の映像、そして現代文明に必需の計算機まで。ここをしっかり見れば、世界中で使われてきたお金に関するアレコレがわかりそう。

リーディング・ルーム
カール・マルクスが、かつて毎日のようにここに通い『資本論』を書き上げたことで有名。ほかにも多くの作家や音楽家が閲覧者だったという。一般入場できる閲覧室として使用されていたが、2023年現在は閉鎖中。再公開は未定。

歩き疲れたらひと休み

ちょっと休憩〜

おなかすいた☆

こんなのどお？

どちらのカフェにする？
コートカフェ Court Cafés　ピッツェリア Pizzeria

グレートコートにあるコートカフェと、地上階のルーム12奥のピッツェリアがある。コートカフェではサンドイッチやスナック、スイーツなど。ピッツェリアではピザやサラダ、アイスなど。

コートカフェ⏰10:00〜17:00
ピッツェリア⏰12:00〜15:00

クオリティの高い食事で充電
グレートコートレストラン Great Court Restaurant

グレートコートの上階にあり、落ち着いた雰囲気。イギリスらしい食材を使ったメインディッシュやサラダ、イギリスのチーズなどが味わえる。セットランチ£24と£29、アフタヌーンティー£30〜。

⏰ランチ 11:30〜15:00、アフタヌーンティー 11:30〜17:00
最終入場 16:00

ピアスもいろいろある

£50〜

スカーフは柄の種類も豊富

エジプト彫刻のレプリカも

ルイスの駒のイラスト入りトートバッグ　£11.99

CHOCOLATE

おみやげにいい缶入りチョコレート　£9.99

iPhoneのカバー

いろんな柄のマグも

ショップ
コーナーも
充実

ポストカードから小物、子供用の品、ガイドブック類など、たくさんの商品が並んでおり、じっくり見ていると、ここだけで1時間くらいかかってしまいそう。グレートコートのショップのほか、少し高級なジュエリーやバッグ、スカーフなどを置くGrenville Room（正面玄関に向かって右手）、正面玄関左手のクロークのあたりにも小さな出店がある。

£16.99〜

ルイスの駒のレプリカ　The Lewis Chessmen

£4.99　LIP BALMS

エジプトっぽいリップバーム

ぼくと遊んでョ

博物館にちなんだラバーダック　£6.50

£6.50

対で売ってるよ

エジプト猫のブックエンド　£30

1. ポストカードもたくさん
2. 正面入口すぐのグレンヴィル・ルーム

ついつい長居しちゃう
女子必見のお宝満載
V&Aミュージアム
ヴィクトリア　アルバート

ファッションやジュエリーのコーナーが大充実！
陶磁器コレクションでは、ティーカップの変遷をおさらいできたり、
舞台衣装やテキスタイルなども圧巻のコレクション☆
ショップやカフェ・レストランもグッドだから、その時間もとっておいてね！

ファッション
Fashion
Level 0/Room40

刺繍が
スゴイ！

1.現代物の赤いスーツ。花柄スカーフがオシャレ
2.17世紀の刺繍で装飾されたジャケット　3.鮮やかな
赤と黒が印象的なスーツ　4.シンプル&シックなドレ
ス　5.宝石が埋め込まれた凝った装飾のパンプス
6.1700年代の靴。こんな靴で舞踏会に出ていたのかな？
7.ドレスのようなガウン
©Victoria and Albert Museum, London

エコバッグはいろいろな柄があり、おみやげにもよかった。(東京都・ユキ)

舞台衣装
Theatre & Performance
Level 2/Room103-106

どんな役
だったのかな？

1.ファーがあちこちに付いたゴージャスな衣装 2.女優さんがメイクや着替えをした部屋を再現してある 3.舞台映えする衣装がいろいろ展示されている

The Norfolk House Music Room

ジュエリー
Jewellery
Level 2/Room91-93

1.しずく形がかわいいエメラルド色のイヤリング 2.パーティで着けるとよさそうなネックレス 3.ダイヤがはめ込まれたブローチ。リボン形がキュート 4.スカラベをかたどった赤い石カーネリアンが印象的 5.細工が細かいブレスレット 6.赤メノウがはめ込まれたアクセのセット

工芸品のコレクションも豊富

ヴィクトリア・アンド・アルバート博物館

V&A

芸術作品を広めることを目的として設立された。強く支援したヴィクトリア女王と夫アルバート公の名を取り、1899年に現在の名称となった。

Map 別冊P.21-C1 サウス・ケンジントン

🏠 Cromwell Rd., SW7 2RL ☎020.7942
2000 ◎10:00～17:45（金～22:00だが
17:30以降閉鎖する部屋もある）◎12/24～26
◎無料（特別展は有料）◎South Kens-
ingtonより徒歩3分 URL www.vam.ac.uk
※展示物やルームナンバーなどは変更の可能性あ
り。現地で確認を。

ミュージアムショップ

雑貨のセレクトショップ
みたいな品揃え

ショップもすてきなグッズがいっぱい！

感動？ 女子度？ 何で選ぶ？

せっかくロンドンに来たんだから、あちこち見てみたいよね。

ドームにも
上れるよ

セント・ポール大聖堂
St. Paul's Cathedral

ここでも
王室の行事が
あったりするよ

1.巨大な建物だから下からはドームが見えない
2.天井が高い回廊は、厳かな空気が漂う
3.ドームの天井画は圧巻！

感動……★★★★★
女子度……★★★
見学目安…約45分

ドームに
上ってみると、
感動度はUP↑

内部のドーム天井画が見事な英国国教会の大聖堂。ドームに上る途中の『ナイショ話の回廊 Whispering Gallery』では、ドームの反対にいる人の話し声がなぜか後ろから聞こえるとか。ネルソン提督や元首相チャーチル、ターナーの記念碑などがある地下の納骨堂も見逃せない。

Map 別冊P.18-A1 シティ

🏠St. Paul's Churchyard, EC4M 8AD
☎020.7246 8350 🕐月〜土 8:30〜16:30（水10:00〜、2023年1月現在、回廊は閉鎖中）🚫日（ミサのみは入場可だが、ドームやクリプトは入場不可）💷£23（オンライン£20.50）日本語オーディオガイド込み 🚇St. Paul's より徒歩5分 🌐www.stpauls.co.uk

---

橋が上がる瞬間を
キャッチしてみる？

タワー・ブリッジ
Tower Bridge

感動……★★
女子度……★★
見学目安…約45分

ガラス張りの
歩道橋を渡れば、
感動度はUP↑

船の大型化にともない、上げ下げできる跳ね橋をという声を受けて、1886〜1894年に建設されたもの。建設当時は、日に何十回も上がったという橋も、今では週に何回か上がればいいほう。まったく上がらない週もある。北と南の塔を結ぶガラス張りの歩道橋も見もの。

Map 別冊P.19-D3 シティ

🏠Tower Bridge, SE1 2UP ☎020.7403 3761 🕐9:30〜18:00（1/1は10:00〜）、不定期変更もあり 🚫12/24〜26 💷£11.40〜 🚇Tower Hillより徒歩10分 🌐www.towerbridge.org.uk

★攻略ポイント
橋が上がる日時を調べよう！
🌐www.towerbridge.org.uk のサイトにアクセスしたら「Bridge Lift Times」のところをクリック！

二重橋という
珍しい構造の
橋だよ

1.橋が上がった瞬間をキャッチ！ 2.ロンドンの発展とテムズの存在は切っても切れない重要なもの。この橋も大きな役割を果たしてきた

「ザ・ロンドン」の
建物なら間違いなく
ココ！

国会議事堂
Houses of Parliament

テムズ河に
浮かんで
いるみたい

1.テムズ南岸からがベスト撮影スポット 2.ウェストミンスター・ホール 3.オリバー・クロムウェルの像 4.ガイドツアーに参加するのもいい

感動……★★★
女子度……★★
見学目安…約1時間30分

内部ツアーに
参加すれば、
感動度はUP↑

議会政治が生まれた場所。今も国会開会時などには、昔ながらの伝統的な儀式が行われる。ツアーに参加すれば、天井の梁が見事なウェストミンスター・ホールに始まり、内部の建築や美術品についての話を聞きながら、下院や上院を見学できる。

Map 別冊P.23-C1 ウェストミンスター

🏠Westminster, SW1A 0AA ☎020.7219 3000 🕐土曜、議会が開催されない多くの平日。時間など詳細はウェブサイトなどで要確認。🚫上記以外。入場前には空港同様のセキュリティチェックあり（所要約15分）。💷£22.50（オーディオガイドによるマルチメディアツアー、日本語もあり）、£32（ガイドツアー、英語）。チケットはウェストミンスター駅近くのVictoria Embankment沿いにあるチケットオフィスで。オンライン購入も可 🚇Westminsterより徒歩3分 🌐www.parliament.uk

---

セント・ポール大聖堂のドームから見るテムズ河の眺めもなかなかよいです。（愛知県・KY）

ロンドンの有名スポットを比べてみよう

どこに行こうかな〜と思ったら、参考にしてみて。

『007スカイフォール』の
映画ロケ地にも
なった

ナショナル・ギャラリー
The National Gallery

感動……★★★★★
女子度…★★★★
見学目安…約1時間

ショップも
楽しいよ♪

イタリア・ルネッサンスやオランダ、フランドルの名画がめじろ押し。現存する絵画が30点あまりというフェルメールの貴重な作品もある。これに加えて、ゴッホ、モネ、マネ、スーラ、ピカソなど、後期印象派や抽象絵画も充実している。

DATA →P.158

ここが
映画『007』
ロケ部屋

1.フェルメールの希少な絵画　2.3.休憩できるベンチも所々に置かれている

テムズ南岸の
名所的存在

テート・モダン
Tate Modern

吹き抜けの
ホールが
キモチイイ〜

1,3.入口のタービン・ホール　2.7階にある眺望抜群のレストラン　4.旧火力発電所を再生した建物も見どころのひとつ

感動……★★★★
女子度…★★★
見学目安…約1時間

眺望まで
楽しんだら、
感動度はUP♪

ピカソやブラックなどキュビズムの絵画、シュールレアリスムのダリ、デュシャン、ジャスパー・ジョーンズ、アンディ・ウォーホルなど、近現代美術の作品がメイン。新しい芸術への挑戦のような、ビデオアートやオブジェも興味深い。

DATA →P.160

ジュエリーの
原石もあるよ

自然史博物館
Natural History Museum

感動……★★★★
女子度…★★
見学目安…約1時間

全部観たら、
自然史博士に
なれそう！

動く恐竜がいる展示室が、何といっても人気No.1。あらゆる角度から恐竜の時代を解明している。ほかにも、鉱石や動植物の標本などがあり、地質に関する展示コーナーには地震体験スペースも設置されている。

Map 別冊P.20-B2　サウス・ケンジントン

🏠Cromwell Rd., SW7 5BD　☎020.7942 5000　🕙10:00〜17:50　最終入場17:30　🈺12/24〜26　🈯無料（特別展は有料）　🚇South Kensingtonより徒歩3分　🔗www.nhm.ac.uk

1.立派な外観の自然史博物館　2.地質コーナーへの入口　3.ジュエリーの原石も買える　4.恐竜コーナー

あっ！
アレ、恐竜
動いてんじゃん!!

テート・モダンのタービン・ホールではインスタレーションがあることも。

クールなロンドン！絶景パノラマ空中さんぽ

大都市ロンドンには高層ビルが次々に建ち、眺めがいい場所が増えている。
地上からじゃ見えない景色を楽しんでみよう！

うわ〜
いい眺め☆

シャードのフロアガイド

68〜72階　展望階

53〜65階
超高級住宅

約310m

34〜52階
ホテル
プールやジムも
ある5つ星の超高
級なシャングリ
ラ・ホテル

31〜33階
レストラン・バー

2〜28階
オフィス

屋根ナシの
最上階は
キモチイイ☆

72階は屋根ナシ！
69階のデジタル
式望遠鏡（写真右）
では、現在の状況はもちろん、夜
景や晴れの日ビューを見られる

いちばん高い所ならまずはシャード
へ。タワー・ブリッジを見下ろし、遠
方まで見渡せる。展望の名所はテムズ
河沿いに多いから、いろいろな階に
上って自分だけの絶景を探してみて！

2013年オープン！
西ヨーロッパで最も高い展望台

ビュー・フロム・シャード
The View from the Shard

高さ309.6mのガラス張りの超高層ビル、シャー
ド The Shard。ガラスの破片（＝Shard）に覆わ
れた尖塔は、関空の旅客ターミナルを設計した
レンゾ・ピアノによるもの。68・69階と72階
が展望アトラクションとして公開されている。

Map 別冊P.19-C3 サザーク

🏠Joiner St, SE1 9QU ☎0344.499 7222 🕐夏季は10:00〜22:00が多いが異
なる日もあるのでウェブサイトなどで要確認　最終入場は閉館1時間前 🚫12/25
💷当日券£32〜　4日以上前のオンライン予約£28〜 入場時間指定あり
🚇●London Bridgeより徒歩3分 URLwww.theviewfromtheshard.com

セキュリティ
を通って、エ
レベーターの
乗り場へ！

> 1周はだいたい30分くらい

少しずつ動きながら眺めを楽しめる
ロンドン・アイ
London Eye

国会議事堂とテムズ河を挟んで斜め対岸に建てられた大観覧車。週末や祝日、夏休みシーズンなどは混雑していることも。事前にオンラインで時間帯指定をしておこう。

Map 別冊P.17-C3 サウスバンク

⌂County Hall, Westminster Bridge Rd., SE1 7PB ☎020.7967 8021 ⊙夏季は10:00～20:30が多いが、季節や日によって細かく分かれているので事前に確認を。最終搭乗は30分前まで ⊛1月初旬～下旬のメンテナンス日、12/25、天候など諸事情により運行休止の場合もある ⊕£40～（オンライン£30.50～）⊗Waterlooより徒歩5分 URL www.londoneye.com

1.バッキンガム宮殿や国会議事堂を見下ろすこともできる 2.カプセルに乗ってウキウキ 3.乗り場前は行列ができることも 4.日没が早い冬などは夜景も楽しめそう

> 入りやすい雰囲気

窓際に席を取ろう
ピーター・ジョーンズ Peter Jones

キャサリン妃も買い物に訪れたという、ジョン・ルイス系列のデパート。最上階にあるセルフサービスのカフェ・レストランからはケンジントンを一望できる。

Map 別冊P.21-D2 チェルシー

⌂Sloane Sq., SW1W 8EL ☎020.7730 3434 ⊙月～土10:00～19:00（日12:00～18:00）⊛一部の祝 Card A.M.V. ⊗Sloane Sq.より徒歩1分 URL www.johnlewis.com

> 絶景パノラマ空中さんぽ

> バーもあるよ

カクテルや料理も楽しめる
マディソン・レストラン
Madison Restaurant

セント・ポール大聖堂そばのショッピングセンター「ワン・ニュー・チェンジ」の屋上は誰でも展望を楽しむことができるが、ここのバーとレストランから夕日を眺めるのもいい。

Map 別冊P.18-B1 シティ

⌂Rooftop Terrace, One New Change, EC4M 9AF ☎020.3693 5160 ⊙12:00～翌1:00（日～23:00）⊛一部の祝 Card A.M.V. ⊛レストランは予約が望ましい ⊗St.Paul'sより徒歩3分 URL www.madisonlondon.net

---

> 乗車時間は10分くらい（19:00以降は往復約25分）

> ロンドン五輪のメイン会場も見える

IFSクラウド・ケーブルカー
IFS Cloud Cable Car

グリニッジ近くのテムズ河上を渡ることができるケーブルカー。リバーボートでO2アリーナに行き、ノース・グリニッジから、対岸で降りずに往復するのもいい。

Map 別冊P.5-D2 グリニッジ

⊙月～金7:00～21:00（金～23:00）、土8:00～23:00、日9:00～21:00 ⊛12/25、メンテナンス日、強風・落雷など悪天候時 運行日時や休止しているかどうかはウェブサイトなどで要確認 ⊕片道£6、往復£12。コンタクトレスカードやオイスターカードで乗車可能。オンラインまたはチケット売り場で切符を購入することもできる ⊗North Greenwichより IFS Cloud Greenwich Peninsulaまで徒歩5分 ⊛Royal VictoriaからIFS Cloud Royal Docksまで徒歩5分 URL tfl.gov.uk/modes/london-cable-car

1.2012年に完成したケーブルカー。2.不思議な形の堤防、テムズ・バリアも見える 3.シティのガーキンやシャードなどを望む 4.ノース・グリニッジにある停車場

> おいしそう～☆

窓際にカウンター席あり
テート・モダン・キッチン＆バー
Tate Modern Kitchen and Bar

7階（Level6）にあるキッチン＆バーは、セント・ポール大聖堂を目の前に、テムズ河とミレニアム・ブリッジを見渡せる。季節や特別展に合わせたメニューがある。

Map 別冊P.18-A2 バンクサイド

⌂Bankside, SE1 9TG ☎020.7401 5103 ⊙12:00～18:00 ⊛12/24～26 Card A.M.V. ⊗Southwarkより徒歩10分 URL www.tate.org.uk/visit/tate-modern

---

ロンドンの高さ比べ

※高さはいちばん高いところ

シャード	310m
ガーキン	180m
ウォーキー・トーキー	160m
ロンドン・アイ	135m
ビッグ・ベン	96m
IFSクラウド・ケーブルカー	90m

300m
200m
100m

シティ周辺の高層ビルはニックネームで呼ばれることも。

Musical Theatre ♪

英語がわからなくてもノープロブレム！
迫力のミュージカルで感動体験！

圧倒的な歌声とパワフルなパフォーマンス。歴史ある劇場内は優雅で、
観客の盛り上がりも最高♪　筋書きだけおさえておいて、
あとは感じるまま、体感するのがヨシ！

1. ギリシア神殿のような列柱が印象的なライシアム・シアター　2. 歴史を感じさせてくれる劇場内にもワクワク　3. ライトアップが美しい『オペラ座の怪人』が上演されている劇場

おすすめミュージカル Best 4

やっぱ定番でしょ
レ・ミゼラブル
Les Misérables

ヴィクトル・ユゴーの大河小説が原作。さまざまな苦境に立たされる主人公ジャン・バルジャンの生涯を軸に、罪とは？愛とは？勇気とは？を問う物語。ロングラン作品だが、2012年公開の映画のヒットにより人気が再燃。映画を観ておくと話がよくわかる。

ソンドハイム・シアター Sondheim Theatre

Map 別冊P.16-B2　ウエストエンド

🏠Shaftesbury Av., W1D 6BA　☎0344.482.5151　🕐月～土19:30　マチネは木・土14:30　クリスマス前後～年末年始は不定期　💰€10～　URLsondheimtheatre.co.uk

こよなく美しい歌声
オペラ座の怪人
The Phantom of the Opera

現代のイギリスミュージカルを築いたともいえるアンドリュー・ロイド＝ウェーバーの傑作。19世紀末のパリのオペラ座を舞台に、神出鬼没の怪人に魅せられたクリスティーヌの運命はいかに？

ヒズ・マジェスティーズ・シアター
His Majesty's Theatre

Map 別冊P.16-B2　セント・ジェームズ

🏠Haymarket, SW1Y 4QL　☎020. 3925.2998　🕐月～土19:30　マチネは木・土14:30 クリスマス前後～年末年始は不定期　💰£22.50～　URLlwtheatres.co.uk

---

✉ 『オペラ座の怪人』では、終演後も舞台前のオーケストラピットで演奏を続ける様子をのぞくこともできました。（千葉県・ラウル）

劇場街にも近く便利な場所にあるTKTS。空きがあれば、当日劇場の窓口（写真左）でも買える

・・・ お得に買えるTKTS ・・・

レスター・スクエアにたつ小屋TKTSには割引チケットなどの情報掲示板がある。真ん中寄りのよい席や並びの連席などは手に入りにくいが、気に入った演目があったら、下記TKTSのウェブサイトで割引チケットを簡単に購入できる。

URL officiallondontheatre.com/tkts

ミニ単語

1階席 ストールズ **stalls**

2階席 ドレスサークル/ロイヤルサークル
dress circle/royal circle

3階席 アッパーサークル/グランドサークル
upper circle/grand circle

4階席 バルコニー/ギャラリー
balcony/gallery

隅 サイド **side**

中央 センター **center**

舞台の一部が見えにくい席
リストリクティッド・ビュー
restricted view

劇場での楽しみ

バーで一杯♪

幕間にはバーで飲み物を頼んでゆっくり会話を楽しむ人も多い

内装にうっとり

歴史的な建物が多く、天井や舞台周りの装飾も見応えがある

ミュージカルで感動体験！

オリジナルグッズも

パンフレットのほか、Tシャツや小物など、記念になりそうなグッズも買える

ダンスも音楽もどっちもスゴイ！

ロイヤル・シェイクスピア・カンパニーの作品

マチルダ・ザ・ミュージカル

Matilda The Musical

©Manuel Harlan

ロアルド・ダールの児童文学の名作をミュージカル化。天才児マチルダを学校に行かせないようにする成金の両親。味方の先生の応援も得て自分の運命を変えていく少女の話。子供たちのいきいきとした演技が見もの。

ケンブリッジ・シアター Cambridge Theatre

Map 別冊P.17-C1 コヴェント・ガーデン

🏠32-34 Earlham St., WC2H 9HU ☎020.3925 2998 ⏰火～金19:00、±19:30 マチネ 水14:00、±14:30、日15:00 💷£20～ 🚇Covent Gardenより徒歩3分 URL lwtheatres.co.uk

---

大人も子供も楽しめる！

ライオン・キング

The Lion King

©AKUSTIJ

超有名ミュージカルなので日本公演もしているが、日本とロンドンでは、歴史ある劇場の内装、観客のノリのよさなど、場内の雰囲気がだいぶ違う。そして、キャストの歌声と声量のスゴさに脱帽！

ライシアム・シアター Lyceum Theatre

Map 別冊P.17-C2 ウエストエンド

🏠21 Wellington St., WC2E 7RQ ⏰火～±19:30 マチネ水・±・日14:30 💷£23.50～ 🚇Covent Gardenより徒歩5分 URL www.thelyceumtheatre.com

©Disney

パレス・シアターで上演中の演劇『ハリー・ポッターと呪いの子』は2部構成。別々のチケット購入も可能。

400種類！
3万本もの
バラが咲き乱れる
ガーデンが
すてき♡

今日は
気持ちが
いい日ねぇ

花と緑に
天気の
憩いのガー

リージェンツ・パーク Regent's Park

Map 別冊P.9-D2　リージェンツ・パーク

すばらしいバラが咲き誇る庭クイーン・メアリーズ・ガーデンズ Queen Mary's Gardens、5～9月に限り演劇やコンサートが上演される野外劇場Open Theatreや動物園（→P.165）など、たくさんの見どころが揃っている。

🕐5:00～ 閉園は月により異なる　URLwww.royalparks.org.uk/parks/the-regents-park 屋外劇場の演目の確認やチケット予約はウェブサイトでURLopenairtheatre.com

ロンドンに住む人たちは、皆でおしゃべりしたり、夏の宵には、たくさん

ナイツブリッジでのショッピングに疲れたら寄ってみて

ただ今
練習中です
パカパカ

おいしい
木の実が
あるワ♡

1.乗馬スクールの練習ルートになっている　2.サーペンタイン・ギャラリーの夏のイベント　3.ケンジントン宮殿前の庭園オランジェリー　4.現代アートが楽しめるサーペンタイン・ギャラリー

ハイド・パーク Hyde Park

Map 別冊P.15-C2　ハイド・パーク

🕐5:00～24:00　URLwww.royalparks.org.uk/parks/hyde-park

アルバート公
記念碑だよ

ハイド・パークとケンジントン・ガーデンズは、地続きの広大な公園。ボート乗り場、いくつものカフェや遊び場のほか、サーペンタイン・ギャラリーやケンジントン宮殿といった見どころもあって何時間でも過ごせそう。

ケンジントン・ガーデンズ
Kensington Gardens

Map 別冊P.14-A3　ケンジントン

🕐6:00～ 閉園は月により異なる　URLwww.royalparks.org.uk/parks/kensington-gardens

ケンジントン宮殿→P.68

1.ロンドンの公園にはフツ～にリスたちがいる　2.気持ちよさそうな椅子。だけど有料　3.あちこちに花壇がある

✉ ケンジントン宮殿隣のオランジェリー・カフェでお茶しました。（兵庫県・TK）

色とりどりのバラがたくさん！

1. お花畑の中にいるみたい！
2. 水鳥も遊ぶ池ではボートにも乗れる　3. 夏の間だけオープンの野外劇場は連日大盛況　4. クイーン・メアリーズ・ガーデンズはバラの園　5. カフェで休憩　6. 公園ではのんびりとした時間を過ごす人が多い

たくさんの種類のバラが植わっている。花の時期は6月くらいから9月の秋のバラの頃まで。7月くらいが見頃

花と緑に包まれたい！ 憩いのガーデン&公園へ

LOVELY

あら、この植え込みいいじゃない？

包まれたい！
いい日は
デン&公園へ

公園やガーデンが大好き！
犬の散歩をしたり、
の人でにぎわっている。

イングリッシュ・ガーデンに興味があるなら行ってみて

1. 野菜もアリ　2. 小さな花には蜂たちも　3. 住宅街の一角。秘密の庭みたい
4. ガーデナーたちが丹念に手入れをしている　5. スパイスについてのパネル

小さな庭だが、ガーデナーたちが丹念に世話をしている姿が印象的。大きくアーチを描いたパーゴラに咲く花々も見事。月ごとに、何が見頃なのかを記した簡単なパンフレットがもらえる。

Shopも要チェック！

チェルシー・フィジック・ガーデン
Chelsea Physic Garden

Map 別冊P.6-B3　チェルシー

🏠66 Royal Hospital Rd., SW3 4HS　☎020.7352 5646　🕐11:00〜17:00（冬季〜16:00）最終入場開園30分前。冬季は要確認。🈑土、11月下旬のクリスマスフェアの前、12月下旬〜1月下旬　時期や日により開園日時は変更あり　🈷£12（冬季は£9）　🚶Sloane Sq.より徒歩15分ほど　🔗www.chelseaphysic garden.co.uk

1. ラベンダーのルームフレグランス　2. 苗木も買える
3. 手作り石鹸

セント・ジェームズ・パークとグリーン・パークは、バッキンガム宮殿を中心に2方に広がっている。グリーン・パークは大きな木ばかりだが、セント・ジェームズ・パークには花々も咲き、水鳥が多く遊ぶ池がある。

イギリスの花ごよみ

	2月	3月	4月	5月	6月	7月	8月	9月
スノードロップ								
クロッカス					コスモス、ヒース			
スイセン								
マーガレット、ラベンダー								
チューリップ、スミレ、サクラソウ								
ブルーベル、ホワイトベル								
デイジー、マグノリア			バラ					

バッキンガム宮殿見学や衛兵交替のあとに休憩できちゃう

セント・ジェームズ・パーク　St.James's Park

Map 別冊P.16-B3

セント・ジェームズ

🕐5:00〜24:00　🔗www.royalparks.org.uk/parks/st-jamess-park

グリーン・パーク
The Green Park

Map 別冊P.16-A3　セント・ジェームズ

🕐5:00〜24:00　🔗www.royalparks.org.uk/parks/green-park

カフェやレストランもあるのよ

人が少ない木陰や夜、暗くなってからの公園は注意が必要。

膨大なコレクションを誇る、ロンドンでも有数の美術館。ブリティッシュ・コレクションのほかに、ターナーのみを集めた部屋もある。ミレイ、ロセッティといったロマンティックなラファエル前派の絵画が堪能できる。

ラファエル前派好きにおすすめ

Tate Britain
テート・ブリテン

Map 別冊P.23-C2 ウェストミンスター

🏛Millbank, SW1P 4RG ☎020.7887 8888 ⏰10:00〜18:00
最終入場17:30 📅12/24〜26 💰無料（特別展は有料）
🚇●Pimlicoより徒歩8分 駅の出口から路上に標識があるので、それを見ながら歩くといい 🔗www.tate.org.uk

> ミレイの
> 『オフェリア』は必見！
> これを観てから『ハムレット』
> を観にいってみるのも
> いいかも？
> （編集S）

1. ミレイの『オフェリア』 2. ラファエル前派の絵画が集まる部屋
3. 作者不詳の『チャムリー家の令嬢』

🐄aruco調査隊が行く!!②

美術館大国イギリスで巡りたい！
取材スタッフの推しギャラリー

小さくてもゆっくり観られたり、刺激を受けることができたり。そんなギャラリーを5つ選んでみました。

名画の宝庫

Courtauld Gallery
コートールド・ギャラリー

ルネサンスから20世紀までの絵画、素描、版画などを観ることができる、全12室の小規模なギャラリー。印象派の作品でも知られるが、クラナッハの『アダムとイブ』、ブリューゲルやルーベンスの作品など、珠玉の名品が揃う。

Map 別冊P.17-C2 ストランド

🏛Somerset House, WC2R 0RN ☎020.3947 7777
⏰10:00〜18:00 最終入場17:15 📅12/24〜26 💰£9
（週末£11、寄付なし） 現金不可
🚇Templeより徒歩8分
🔗courtauld.ac.uk/gallery

1. 落ち着いた展示室 2. ゴッホの『耳に包帯を巻いた自画像』 3. サマセット・ハウスの一角にある

> マネの『フォリー・ベルジェールのバー』のほか、ゴッホ、セザンヌなどもあるので、印象派好きならぜひ！
> （ライターT）

✉コートールド・ギャラリーのあるサマセット・ハウスでは、イベントなどもあるようでした。（千葉県・HY）

コンテンポラリーでアバンギャルドな展示は、現代アートを観ているような気分になれます！（編集K）

The Photographers' Gallery 現代写真ギャラリー

ロンドンらしいおしゃれでクールな写真を観ることができる。狭い通り沿いの小さな敷地に立つビルだけれど、いくつかのフロアに分かれた展示は抜群の質。地下のブックショップも必見。写真のプリントを買うこともできる。

Map 別冊P.16-A1 ウエストエンド

⌂16-18 Ramillies St., W1F 7LW ☎020.7087 9300 ◷10:00～18:00（木・金～20:00、日・祝11:00～） 休展示の交換準備期間、クリスマス～新年の開館予定は未定 £8（事前予約6.50、金曜17:00以降は無料） Ⓜ Oxford Circusより徒歩3分 URLthephotographersgallery.org.uk

1 1階にあるカフェでひと息つくのもいい　2 便利な場所にあるから、ショッピングの前後にでも立ち寄ってみたい

Hayward Gallery ヘイワード・ギャラリー

世界的に知られる現代アートギャラリー。国内外の冒険的で影響力のあるアーティストを幅広く紹介し、アートセンターの役割も果たしている。一帯のコンクリートむき出しのブルータリズム建築はランドマーク的存在。

Map 別冊P.17-D3 サウスバンク

⌂Belvedere Rd., SE1 8XX ☎020.3879 9555 ◷水～日10:00～18:00（土～20:00） 休月・火、一部の祝 展示内容による 現金不可 Ⓜ Waterlooより徒歩7分 URLwww.southbankcentre.co.uk/venues/hayward-gallery?

世界中から集められた、手法を問わないアートの数々は刺激的！（カメラマンE）

現代アートが好きなら、テムズ南岸散策のついでに少し立ち寄ってみるのもいい

モダンアートの特別展サマーエキシビションはオススメ。夏にロンドンにいるなら行ってみて。（ライターH）

Royal Academy of Arts 王立芸術院

ターナー、ミレイ、ゲインズバラなど、イギリスを代表する画家たちが所属した王立芸術院は、イギリス美術界の総本山ともいえる存在。ギャラリーで開催される特別展は質が高いものが多いので、ぜひ立ち寄ってみて。

Map 別冊P.16-A2 ピカデリー/メイフェア

⌂Burlington House, W1J 0BD / 6 Burlington Gardens, W1S 3ET ☎020.7300 8000 ◷10:00～18:00（金～21:00） 最終入場は閉館30分前 休月、12/24～26 特別展は有料 無料常設展あり Ⓜ Green Parkより徒歩5分 URLwww.royalacademy.org.uk

常設展示の『最後の晩餐』は、レオナルド・ダ・ヴィンチの原作に比較的近い時代の模写とされる。ほかにも現代アートを集めた無料展示のスペースも

ヘイワード・ギャラリーの近くでは、金～日曜のお昼頃からフードマーケットが開催される。

聖歌隊も広場の名物！

Trafalgar Square
トラファルガー広場

サンタの本名は
セント・ニコラス
だって

アイスリンクは
貸靴あり。50分
£10.50〜15.50

毎年、ノルウェーからクリスマスツリーが送られてくる。白電球だけという北欧スタイルの飾りが清純ですてき。

→ P.158

幸せムード満点！

ロンドン 冬のお楽しみ
HOLIDAY SEASON in London!

スケートリンクだってできちゃう！

Hyde Park Winter Wonderland
ハイド・パーク・ウインター・ワンダーランド

大規模な移動遊園地とかわいいグッズいっぱいのクリスマスマーケットが、毎年ハイド・パークにやってくる。この時期にロンドンにいるなら見逃せない！

Map 別冊P.15-C2 ハイド・パーク

🎄Hyde Park ●11月下旬〜1月初旬予定 10:00〜22:00 ❸期間中無休 🚇→Hyde Park Cornerより徒歩5分 URL hydeparkwinterwonderland.com

12月になると、イルミネーションとクリスマスの飾りに包まれる。クリスマスイベントに出かけて、寒さを吹き飛ばそう!!

ドイツの伝統飴菓子やジンジャーブレッドを売る小屋

観覧車など
乗り物が
いっぱい

テムズ河沿いで開かれる

Southbank Centre Winter Market
サウスバンク・センター
ウインター・マーケット

Map 別冊P.17-C3 サザーク

🎄Southwark ●11月初旬〜1月初旬 毎日11:00〜 ❸1/1、12/25 🚇Southwarkより徒歩5分 URL www.southbankcentre.co.uk

イギリスのクリスマス祝いは、ヴィクトリア時代にドイツのプリンセスが英王室に嫁いだときに持ってきた習慣。ドイツのクリスマス飾りや食べ物屋台もたくさん。

たくさんの人で大にぎわい

デパートは早朝から行列！
クリスマスセール情報！

あっちでも
こっちでも
大安売り

12月26日が1年で最大のセール開始日。デパートは7〜8時には開店する。最近ではクリスマス直前に値下げスタートのショップも。

縁日みたいな
的当てゲーム

いいモノが半額〜70%
オフ、見逃せない！

朝ごはんから
気軽なパブまで

おいしいって言わせたい！
ハズレなしの
とっておきロンドングルメ

「イギリスっておいしいものあるの？」
なんて聞いちゃうあなたにぜひ食べてほしい美食の数々！
ロンドンには世界中の人と料理が集まっているから
実はおいしいものだっていっぱいあるの。
百聞は一食に如かず！　さぁさぁ、食事に出かけましょ☆

ガッツリ肉食気分！というときに やっぱり食べたい イギリス料理

イギリス料理といえば、フィッシュ＆チップスが有名だけど、実は肉料理が多いって知ってた？ せっかくイギリスに来たんだから、専門店やガストロパブで、おいしいお肉料理を味わってみて。

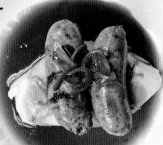

イギリスの
ソーセージは
Good!

ソーセージ＆マッシュ
Sausage & Mash

ソーセージと
マッシュポテ
ト、グレイビー
ソースがけ
（アダム＆イブ）

これは
ジューシーで
おいしい！

**ローストビーフと
ヨークシャープディング**
**Roast english beef &
Yorkshire pudding**

ジューシーな肉とコクのあるグレイビー、
付け合わせはサクっとしたプディング
（アレキサンダー・ポープ）

サックリ
としたパイが
たまらない！

パイ料理
Pie

パブの王道フードでもあるイ
ギリスらしいパイ料理。中身
はチキンやビーフなど
（アレキサンダー・ポープ）

Cheers!

aruco
おすすめ4軒

歴史と伝統あふれる名店
シンプソンズ・イン・ザ・ストランド
Simpson's in-the-Strand

ローストビーフの老舗として知られる有名店。いくつかある部屋のなかでもThe Grand Divanでは、ワゴンに載せた塊のローストビーフを目の前で切り分けてくれる。少しおしゃれをして出かけよう。

Map 別冊P.17-C2 ストランド

🏠100 Strand, WC2R 0EV ☎020.7420 2111 🕐月〜金12：00〜14：30、17：00〜22：30 土・日12：00〜23：00（日〜20：00）🍴ローストビーフ£35〜 💳A.J.M.V. 👔必要 👕スマートカジュアル 🚇Charing Crossより徒歩5分 🌐www.simpsonsinthestrand.co.uk ※2023年3月現在、臨時休業中。詳細は未定、要確認。

緑の多いリッチモンドのパブ
アレキサンダー・ポープ
The Alexander Pope

伝統にのっとって日曜しか出さないローストビーフ、サンデイローストの肉厚でステーキのようなボリュームとミディアムレアのジューシーさを堪能して！ テムズ河が見える部屋もある。

Map 別冊P.4-A3 リッチモンド

🏠Cross Deep, Twickenham, TW1 4RB ☎020.8892 3050 🕐食事 12：00〜21：30（日〜20：30）ローストビーフは日曜のみ 🈹一部の祝 💳A.M.V. 🚉鉄道Strawberry Hill駅より徒歩10分 🌐www.alexanderpope.co.uk

---

📩 ソーセージ＆マッシュは『バンガーズ＆マッシュ』とも呼ばれるらしいです。（東京都・ふう）

シェファーズ・パイ
Shepherd's pie

ひき肉、タマネギなどを混ぜ合わせ、マッシュ・ポテトをのせて焼いたもの。ブラウンソースをかけて（メイフェア・チッピー）

ちょっと懐かしい感じの味？

どこで食べる？
伝統的なイギリス料理は多くのパブで食べられるけど、ローストビーフはサンデイローストといって、専門店でないかぎり、ほぼ日曜限定。パブによって料理の種類や味はまちまち。

イギリス料理

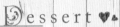

*D*essert ♥

ベイクド・ライス プディングとジャム
Baked rice pudding and Jam

ミルクと砂糖とお米でできたシンプルなデザート。自家製ショートブレッド添え

サマーフルーツの クランブル
Summer fruit crumble

ビタミンたっぷりのベリー類に、香ばしいナッツ入りトッピングとアイスクリーム

クランブル・プディング
Crumble pudding

ベリーなどのプディングにサクサク食感のクランブルとアイスを添えた一品

隠れ家のようなパブで
アダム＆イブ
Adam & Eve

にぎやかなオックスフォード・ストリートから少しだけ入った所なのに、静かで落ち着いたガストロパブ。薄い衣のフィッシュ＆チップスなどのイギリス料理や伝統的なデザート類もおいしい。

Map 別冊P.16-B1 **ウエストエンド**

📍77a Wells St., W1T 3QQ ☎020.7636 0717 🍴食事 月〜土 12:00〜21:00（木・金〜22:00、日〜16:00）🚫一部の祝
Card M.V. 🚇🔴Oxford Circus／Tottenham Court Rd.より徒歩5分
URL www.theadamandevew1.co.uk

軽くモダンなテイスト
メイフェア・チッピー
The Mayfair Chippy

フィッシュ＆チップスやシェファーズ・パイなど、伝統的なイギリス料理をおしゃれにアレンジしたものは、いずれもハズレなし。イギリス料理以外のメニューもある、気軽に入れるレストラン。

Map 別冊P.15-D2 **メイフェア**

📍14 North Audley St., W1K 6WE ☎020.7741 2233
🍴12:00〜21:45 🚫一部の祝、年末 🍽ディナー£17〜 **Card** A.M.V.
🔖望ましい 🚇🔴Bond St.より徒歩5分
URL www.mayfairchippy.com

アツアツ
だよ☆

aruco調査隊が行く!! ③

人気のフィッシュ＆チップス 本当においしいのはどれだ!?

イギリスの国民食といえば、やっぱりフィッシュ＆チップス。
イギリスらしい太くて短めのチップス（＝フライドポテト）もおいしい！
油ベッタリは問題外！　サクッとおいしいのを探しに出かけましょ☆

マリルボンの老舗

オリジナルソースあり

スモールサイズの魚£
11.95〜、チップス£
2.95〜、ガーデンピー
も別料金

レギュラーサイズ
のフィッシュ＆
チップス£15.95

店長のおじいちゃん
が額の写真のポピー
ズのボスなんだって

ボスの
自信作だよ！

味

安さ

魚の大きさ

衣の厚さ　サクサク

昼時には、
たくさんの人
でにぎわう

どれも
おいしいよ！

味

安さ

魚の大きさ

衣の厚さ　サクサク

ゴールデン・ハインド
The Golden Hind

1914年創業のフィッシュ＆チップ
スの老舗的存在。魚はタラ以外にも
数種類あり、魚によっては、グリル
にしたり、サイズを選ぶこともでき
る。チップスなどは別料金。

Map 別冊P.15-D1　マリルボン

🏠71a-73 Marylebone Lane, W1U 2PN　☎020.7486 3644　🕐月〜金
12:00〜15:00、18:00〜22:00　土12:00〜15:30、18:00〜22:00
㊡日、一部の祝　££11.95（小）〜　**Card** A.M.V.　🚇Bond St.より徒歩10分
URL www.goldenhindrestaurant.com

ポピーズ
Poppies

フィッシュ＆チップス専門店で、オ
リジナルソースが付いてくる。ラー
ジサイズにすることもでき、マッ
シーピーは自家製。イカリング、チ
キン、ステーキパイなどもある。

Map 別冊P.16-B2　ウエストエンド

🏠55-59 Old Compton St., W1D 6HW　☎020.7734 4845　🕐11:00〜
22:00（木〜土〜23:00）　㊡一部の祝　£15.95〜　ラージ£19.95〜
Card A.D.J.M.V.　🚇Piccadilly Circusより徒歩5分
URL poppiesfishandchips.co.uk

知っておくと便利 ▶

魚介の種類		
タラ **Cod** コッド		
タラの仲間の白身魚 **Haddock** ハドック	サケ **Salmon** サーモン	
サメの仲間の白身魚 **Rock** ロック	エイ **Skate** スケイト	
カレイ **Plaice** プレイス	エビ **Scampi** スカンピ	

マッシーピー Mushy peas

マーロウ豆を煮たもの。とろとろになった
もの、少し豆の形をとどめているものなど、
いろいろ。ガーデンピーGarden Peasとい
うふっくらした豆の付け添えになる場合も。

何をかける？

塩、コショウ、ビネガーは、たいてい
の店に置いてある。ビネガーをかける
のがイギリス流。最近はタルタルやケ
チャップを置くところも増えてきた。

店によって少し違うよ

昔はどこでも牛脂
が使われていたが、
最近は植物油が主
流に。衣には、水
でなくミルク、ビー
ル入りを使うとこ
ろもある。チップ
スは1〜2.5cm角
で、太めが王道。

フィッシュ＆チップスはボリュームたっぷりだからおなかをすかせて行ったほうがいい。（秋田県・リン）

魚の種類が豊富

小エビとチップスを
セットにしたもの

スモールサイズ£
13.90にもできる

つぶしたような
マッシーピー

フィッシュ＆チップス
£17.50～

食べて
みてね！

味
安さ　魚の大きさ
衣の厚さ　サクサク

ロック・アンド・ソール・プレイス
Rock & Sole Plaice

コヴェント・ガーデンの名物店
でいつも混んでいる。ピーナッツ
油でカラリと揚げた衣はヘルシー
志向でラージサイズは£21～。量
が多いので、小食ならふたりで
シェアしてもいい。

Map 別冊P.17-C1 コヴェント・ガーデン

🏠47 Endell St., WC2H 9AJ　☎020.7836 3785　🕐11：30～22：00
（金・土～22：30、日12：00～）🈺£14.50～　CardA.M.V.　🈹4人以下は
不要　🚇⊖Covent Gardenより徒歩5分

厚めのコロモ！

ビーフドリッピング使い

味
安さ　魚の大きさ
衣の厚さ　サクサク

さあ、
どうぞ！

フィッシュ＆チップス£8。
タルタルソースは別料金

フライヤーズ・デライト
The Fryer's Delight

ビーフドリッピング（牛脂）が一
番！　カロリーだ、コレステロー
ルだと気にするくらいなら食う
な！と頑固な店。衣の調合は秘
密。茶色なのでビール系のよう。

Map 別冊P.11-C3 ホルボーン

🏠19 Theobald's Rd., WC1X 8SL　☎020.
7405 4114　🕐月～土11:30～22:00
不定休あり　🈺£10.50～　CardM.V.　🈹不可
🚇Russell Sq.⊖Holborn⊖Chancery Laneより
徒歩5分

卵のピクルスもあ
る（別料金）

ガストロパブのおいしさ

隠れ家のような
ガストロパブ

ビール入りの衣を
使ったフィッシュ
＆チップス£18

アダム＆イブ　Adam & Eve　DATA → P.89

伝統英国料理をおしゃれに仕上げるのが得意なここの
フィッシュ＆チップスは、魚もジャガイモも植物油でサ
クッ＆パリッ！　リッチなタルタルソースも自家製。

味
安さ　魚の大きさ
衣の厚さ　サクサク

ほかにもイ
ギリスらしい
料理がある

人気のフィッシュ＆チップス

フィッシュ＆チップス専門店には、ゆで卵のピクルスがカウンターに置いてあることも。酸っぱいもの好きなら試してみて。

91

SCONE

究極の
スコーン!

レーズン
がアクセント

しっとり派？
評判のスコーンを

ゴーリング　The Goring

テーブルに置かれたとたん、焼きたての香りが部屋中に広がり幸せ気分。しっとりすべすべした食感で、ほかのスコーンとは一線を画すおいしさ。

直径：約6センチ
甘さ：甘め
食感：しっとり
クリーム：デヴォン産
ジャム類：季節によって替わる

DATA →P.24

ブラウンズ　Brown's

小ぶりなスコーンは、トップはよく焼けていて香ばしい。バターの風味が効いていてしっとり。クリームやジャムをあまり付けなくてもドライ感はない。

直径：約4センチ
甘さ：控えめ
食感：しっとり
クリーム：コーンウォール産
ジャム類：ストロベリー

DATA →P.26

サックリ
かろやか〜

フォートナム＆メイソン
Fortnum & Mason

プレーンとレーズン入りがセットで出てくる。クリームは柔らかめで軽い食感のスコーンと相性よし。イチゴジャムは果肉たっぷりで絶品。

直径：約3センチ
甘さ：軽い甘さ
食感：サクサクとしっとりの中間
クリーム：サマセット産
ジャム類：ストロベリー、レモンカード

DATA →P.27

モンタギュー・
オン・ザ・ガーデンズ
The Montague on the Gardens

焼きたてが出てくる。クリームよりジャムを先に付けるコーニッシュ式（コーンウォールでの食べ方）が合う。ホームメイドのレモンカードもおいしい。

DATA →P.25

小ぶりで
食べやすい〜

直径：約3センチ
甘さ：甘め
食感：サクサク、ほろほろ
クリーム：デヴォン産
ジャム類：自家製。日によって種類が替わる

気軽にテイク
アウェイ＆カフェ

ウエイトローズ→P.144

丸い形に焼けてなくて、不細工な姿。でもバターたっぷりのもちもちした食べ心地はクセになりそう。

セインズベリーズ→P.146

イギリスらしいレッドチェダーチーズとたっぷりのバター風味のスコーン。どっしり密度があって重めの生地。

スーパーのパン売り場で1こずつ買えることもあるよ

　高級ホテルのアフタヌーンティーでは、焼きたてのあったかスコーンを出してくれます。（静岡県・うえの）

Present aruco ロンドン

「aruco ロンドン」の
スタッフが取材で
見つけたすてきなグッズと、
編集部からの
とっておきのアイテムを
13 名様にプレゼント
します！

▶01 ペーパー
チェイスの
布製バッグ

▶02 ポートベロー・
マーケットの
布製バッグ

▶03 V&A ミュージアムの
布製バッグ

▶04 ペーパー
チェイスの
ノート

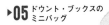
▶05 ドゥント・ブックスの
ミニバッグ

▶06 キューの
ハンド
クリーム

▶07 ペーパーチェイスの
ポーチ

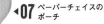
▶08 aruco特製
QUO カード 500 円分
5名様

※08 を除き各 1 名様へのプレゼントです。※返品、交換等はご容赦ください。

応募方法

アンケートウェブサイトにアクセスして
ご希望のプレゼントとあわせて
ご応募ください！

URL https://arukikata.jp/edxfjs

締め切り：2024 年 7 月 31 日

当選者の発表は賞品の発送をもって代えさせて
いただきます。(2024 年 8 月予定)

Gakken

サックリ派？
食べ比べてみました

小腹がすいたときにちょうどいい、焼き菓子スコーンは、紅茶との相性も抜群！食感や味、大きさが、店によって意外と違うから、食べ比べするのも楽しい。

ふわっとしっとり

スワン Swan

プレーンと薄い色のゴールデンレーズン入りが出てくる。形は不揃いだけれどふわっとしっとりでクリームとよくなじみほっこりした味。

DATA →P.23

直径	約5センチ
甘さ	控えめ
食感	しっとり
クリーム	デヴォン産
ジャム類	ストロベリーかグーズベリーのどちらか

クリームたっぷりで！

歴史を感じさせる優雅な空間が魅力。アフタヌーンティーやランチ、ディナー、軽食も取ることができる。

ウォルスリー Wolseley

クリームティーを頼むと、レーズン入りの温めたスコーンが3個も出てくる。クロテッドクリームはフレッシュで重くないので、たっぷり付けてしまいそう。

Map 別冊P.16-A3　セント・ジェームズ

🏠160 Piccadilly, W1J 9EB
☎020.7499 6996　🕐アフタヌーンティー15:00〜18:30（土・日15:30〜）　🈳一部の祝　🍴クリームティー£18.50　💳A.M.V.　🈂お茶なら不要　👔スマートカジュアル　🚇Ⓤ Green Parkより徒歩5分　🖥www.thewolseley.com

直径	約5センチ
甘さ	軽めで控えめ
食感	外はサックリ、中はふんわり
クリーム	デヴォン産
ジャム類	ホームメイドのストロベリー

ジャム選びが楽しみ！

専門書店の地下にある、小さいけれど静かで落ち着いたティールーム。アフタヌーンティー、サンドイッチもあり。

ティー・アンド・タトル Tea and Tattle

温めてから、クロテッドクリームの上にジャムをのせたものを出してくる。フレッシュなクロテッドクリームとスコーンの相性もバッチリ。紅茶やジャムを購入することもできる。

Map 別冊P.17-C1　ブルームズベリー

🏠41 Great Russell St., WC1B 3PE　☎07722 192703　🕐月〜金11:00〜17:30　土12:00〜16:30　🈳日・祝、年末年始など不定休あり　🍴紅茶とスコーンのセット£9　💳M.V.　🈂望ましい　🚇Ⓤ Tottenham Court Rd.より徒歩5分　🖥www.teaandtattle.com

直径	約5センチ
甘さ	控えめ
食感	外はサックリ、中はふんわり
クリーム	コーンウォール産
ジャム類	ストロベリー系、ラズベリー系、プラムから選ぶ

ランチ代わりにも

別料金のジャムは100年以上の伝統を誇る老舗チップトリーの小瓶

チーキー・スコーン Cheeky Scone

しっかりと膨らんだ大ぶりのスコーン。おなかにたまる大きさなので、しっかり食べたいときにいい。チーズなどしょっぱい系のスコーンもある。

DATA →P.47

直径	約7センチ
甘さ	控えめ
食感	外はさっくり、中はふんわり
クリーム	デヴォン産
ジャム類	ストロベリー、マーマレード、ラズベリー、オニオンチャツネから選ぶ

クロテッドクリーム

スコーンにのせるのは脂肪分55%以上のクロテッドクリームが多い。脂肪分のわりに、あっさりしていて、たくさんのせたほうがおいしい！デヴォン産とコーンウォール産、サマセット産が有名。どの地域でも材料や製造方法はほぼ同じなのに塗り方にこだわりがあるのがイギリス人のおもしろいところ。

トップはしっかり焼き目がつき、割るとサクサクと崩れる。フルーツ入りやプレーンのスコーンは焼きたて

オーカー Ochre

Map 別冊P.17-C2　ウエストエンド

ナショナル・ギャラリー内にあるレストランのアフタヌーンティーも侮れない！シックに盛りつけられたケーキやスコーンは上品なイメージ。

DATA →P.159

紅茶とスコーンのセットはクリームティーと呼ばれることが多いが、スコーン＆ドリンクとメニューにあることも。

世界一パワフル！？イギリスの"朝ごはん"！

「朝からこんなに食べられない！」なんて思ってても、
いざ食べ始めると、意外にすんなり入ってしまうのが不思議。
旅先ではカラダが資本。しっかり朝ごはんを食べて、元気に歩き回ろう！！

栄養満点よ！

これがトラディショナルなイングリッシュブレックファスト

卵2個をお好みで

マッシュルームソテー

ポテトソテー（ちょっとアメリカンかな）

焼きトマトの下にブラック・プディング

イングリッシュ・ソーセージ

ベイクドビーンズ

うす切りカリカリ三角トースト

昔は1日2食だったので、こんなにボリュームたっぷりの朝食が生まれたんだって。

ブレックファスト・クラブ（→P.95）の朝食 £15

トラディショナルの4大要素

エッグ
目玉焼き、スクランブル、ポーチド（落とし卵）から選ぶ。伝統的な目玉焼きは、油をどっぷり入れたフライパンで揚げ焼き。

マッシュルーム＆トマト
マッシュルームは、スライスしてバター炒めが普通。上の写真はおしゃれなイタリア風、焼きトマトは好き嫌いが分かれる一品。

ビーンズ
甘めのトマトソースで煮込まれた豆は缶詰でしか存在せず、労働者階級の食べ物だけど、根強い人気アリ。

ミート
朝食に出るのはベーコン、ソーセージ、ブラックプディングといった加工肉。多くの人が保存肉を食べていた頃の名残といえそう。

イギリスの目玉焼きは揚げ焼きのようで、フチがカリッとしておいしかった。（千葉県・Kumi）

うちの brekkie（朝食）を どうぞ！

おいしい
朝ごはん
いろいろ

有名なイギリスの朝食は、大英帝国が世界進出するにつれ、イギリス人の食事として知られるように。今ではいろんなバリエーションがある。

たっぷりのホウレン草と、とろける卵が絶妙なハーモニー

～ヘルシーでおいしいのよ☆

週末のカフェ、朝ごはん人気はこれ！

エッグス・
フロレンティン

マフィン＋ホウレン草＋ポーチドエッグ＋オランデーズソース

ホウレン草でなく、ハムをのせたエッグス・ベネディクトもあり、これにルッコラをプラスしたり、パンを変更してあったり、バリエーションも豊富。スモークサーモンのせのエッグス・ロイヤーレもある

召しあがれ～☆

イギリスの"朝ごはん"！

スーパーで買える朝ごはん材料

毎日イギリスの朝ごはんを食べていたら、いつの間にかベイクドビーンズのファンになってしまったという人は、スーパーへ。必ず缶詰が売られているので買って帰ってみては？

おいしい朝食はココで！

フル・イングリッシュの朝食なら
ブレックファスト・クラブ
The Breakfast Club

曜日によりマーケットも立つカムデン・パッセージにあるナイスなカフェ。高カロリーな朝食も新鮮な果物のスムージーと合わせればヘルシーに！？　パンケーキもおすすめ。

Map 別冊P.12-A1 イズリントン

🏠31 Camden Passage, N1 8EA
☎020.7226 5454　🕐8:00～15:00（土・日～17:00）🈺一部の祝 Card M.V.
🈁望ましい 🚇Angelより徒歩5分
URL www.thebreakfastclubcafes.com

卵料理ならおまかせ！
エッグブレイク
Eggbreak

卵好きな人にはマストなカフェ。スクランブルやポーチドエッグ、エッグ・ベネディクトなどなど、卵を使ったメニューがたくさん！飲み物はヘルシーなスムージーからカクテルまで揃っている。

Map 別冊P.24-B2 ケンジントン

🏠30 Uxbridge St., W8 7TA
☎020.3535 8300　🕐8:00～15:00（土・日～17:00）Card M.V.
🚇Notting Hill Gateより徒歩3分
URL eggbreak.com

テート・ブリテンにも近い
リージェンシー・カフェ
Regency Cafe

最近のオシャレな店とは正反対の昔ながらのカフェだけど、味は間違いない。山盛りのイングリッシュ・ブレックファストは£6.95～で、14:30まで頼めるのもうれしい。

Map 別冊P.22-B2 ウェストミンスター

🏠17-19 Regency St., SW1P 4BY
☎020.7821 6596　🕐月～金7:00～14:30、16:00～19:15　土7:00～12:00 🈺日・祝、12/25、1/1 Card M.V. 🚇St. James's Park/Pimlicoより徒歩10分

フル・イングリッシュ・ブレックファストは、トーストとジャムをデザートと考えればフルコース料理！

おひとりさまでも大丈夫！
ポリシーのあるオーガニック&ベジ料理

ジューシー☆

ロンドンのいいところ。それは「ポリシーがあること」。単なる流行だけでなく、みんなが
強いポリシーをもっている。オーガニックや地産地消の考え方だってそう。ロンドン流を味わって！

新鮮な食材を使った
COOKING OF LONDON, ORGANIC&VEGE
おいしい
サラダ&
レストラン

うまく
ミックス
しますよ

1. 食材を選ぶとボウルに入れて混ぜ合わせてくれる　2. 火を通した
野菜やチキンなどの温かなトッピング　3. 穀物ベースのボウルに
マッシュルームをトッピング　4. グリーンベースにチキンがのった
サラダボウル　5. 持ち帰り用とお店で食べるのは同じ容器

とってもヘルシーなお店
アティス　Atis

トマトやレタス、豆類、キノコ類など
の野菜がカウンターに並ぶ。サラダや
穀物、季節野菜のボウルなど、野菜が
たっぷり取れるレストラン。自分なり
のボウルを作ることもできる。

Map 別冊P.24-B2 ノッティング・ヒル

🏠37-39 Pembridge Rd., W11 3HG
☎020.8092 7554　🕐11:00〜21:00（金
〜日〜19:00）　休一部の祝　料ランチ£7〜
Card M.V.　🚇Notting Hill Gateより徒歩3分
URL atisfood.com

デザートも
おいしい！

1.夏の果物を使ったタルト　2.パンはもちろん自家製
3.季節の素材がふんだんに

Map 別冊P.12-A1 イズリントン

女王にも
表彰
されたの！

オーナーの
シングさん

UK初のオーガニック認定パブ
デューク・オブ・
ケンブリッジ　The Duke of Cambridge

ビールやお茶、パブごはんの
食材はもちろん、キッチンで
使う洗剤まですべてオーガ
ニックというガストロパブ。
自給自足をモットーに育った
オーナーの努力が実った店。

🏠30 St. Peters St., N1 8JT　☎020.
7359 3066　🕐パブ12:00〜23:00
（日〜18:00）　🍴食事月〜金12:00〜
15:00、18:00〜21:00（木・金〜
21:30）　土・日12:00〜21:30（日〜
16:30）　休クリスマス前後や年末年始
は不定休あり　Card M.V　料ランチ
セット£15〜　メイン£22〜　望ま
しい　🚇Angelより徒歩10分
URL www.dukeorganic.co.uk

どこでも買える
オーガニック

SOIL ASSOCIATION • ORGANIC

スイーツ、飲料、青果、
お肉……。オーガニック
は数年前から大ブー
ム。この英国土壌協会
のシンボルマークを目当てに探せば、
いくらでもあるある。スーパーでも
コンビニでも見つかるよ。

£15〜
ヘアケア製品

ORGANIC
Beef £1.90
スープストック

マーマレード・
ジャム

ジャム
£2.45〜

ベジタリアンで、しかもオーガニックっていうレストランもたくさんありました。（愛媛県・みかん）

オーガニック食材も扱う
COOKING OF LONDON ORGANIC&VEGE COOKING OF LONDON
お持ち帰りも！
デリ&カフェ

農場がまるごとロンドンに!?

デイルズフォード・オーガニック
Daylesford Organic

健康な土地で育てた野菜や果物を子供たちに食べさせたいと、コッツウォルズ地方の独立農家、パン屋やクラフトメーカーが集まった有機ブランドのおしゃれな店。カフェもある。

Map 別冊P.21-D3 ピムリコ

🏠44B Pimlico Rd., SW1W 8LP
☎020.7881 8060 🕐月～土8:00～20:00（カフェ～18:00）日9:00～18:00 🈺一部の祝 Card A.M.V.
🚇⊖Sloane St.より徒歩5分
URL www.daylesford.com

国産のものの使ってるよ！

1.全粒穀物たっぷりのミューズリ
2.麦穂のリース 3.カフェで生野菜をどうぞ 4.有機栽培の野菜も 5.ハーブティーも豊富
6.果物のコンポートセット

ポリシーのあるオーガニック＆ベジ料理

ジェイミー・オリバー
イギリスでは「給食大改革をやった男」として知られるイケメンシェフ。レシピ本などが、たくさん出ている。オーガニックな素材を生かすイタリアン系メニューが得意。

ナチュラルなデリ

メルローズ・アンド・モーガン
Melrose and Morgan

季節のものや地元食材を使ったパイやケーキは、どれもおいしい！ 食料を買って、近くのプリムローズ・ヒルで食べるのもおすすめ。おみやげにいいチョコレートやビスケット、ジャムもある。

Map 別冊P.24-B1 プリムローズ・ヒル

🏠42 Gloucester Avenue, NW1 8JD
☎020. 7722 0011 🕐8:00～19:00
🈺一部の祝 💷£7～ Card A.M.V.
🚇⊖Chalk Farmより徒歩10分
URL melroseandmorgan.com

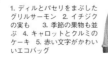

新鮮な食材を使ってます

1. ディルとパセリをまぶしたグリルサーモン 2. イチジクの実も 3. 季節の果物も並ぶ 4. キャロットとクルミのケーキ 5. 赤い文字がかわいいエコバッグ

野菜たっぷりでヘルシー☆

こだわり ベジごはん

ORGANIC & VEGE COOKING OF LONDON

1. マッシュルームをコクのあるソースで煮絡めたメインディッシュ。肉の代わりになりそうな味と噛み応え　2. ベビーリーフやケールのハラペーニョドレッシングあえ　3. クリスピーポテトにグリルしたニンジンとパプリカをのせたもの　4. ビーツやナスの燻製、ザクロの実などにパンを添えた小皿

おいしいヴィーガン料理
テンドリル Tendril

ヴィーガンは最近のロンドンで大きな食の潮流。ここは「(Mostly) Vegan Kitchen」というポリシーで、チーズなどを使ったものも少しあるが、ほぼ野菜。調理や味つけが工夫されていて飽きさせない。

Map 別冊P.16-A1　ウエストエンド

🏠5 Princes St., W1B 2LQ　☎07842.797541　⏰月～金12:00～15:30、17:00～22:00（月17:00～のみ）土・日12:30～22:00（日～17:00）　休一部の祝　料コース£35～　Card M.V.　⊖Oxford Circusより徒歩3分　URL www.tendrilkitchen.co.uk

ヘルシーチェーン
レオン Leon

ロンドンにいくつか店舗をもつチェーン店。ロールサンドのようなWraps、スープや朝食、ティータイムメニューまである。イートインでもテイクアウエイと同じように箱入り。

Map 別冊P.13-D3　イーストエンド

🏠Spitalfields, 3 Crispin Place, E1 6DW　☎020.7247.4369　⏰月～金7:30～22:00　土8:30～22:00　日8:30～20:00　休一部の祝　料£10～　Card M.V.　⊖Liverpool St.より徒歩5分　URL leon.co

1. ディナーのときは、箱ではなくて、お皿に盛ってくれる　2. ライスにのったカツにカレーソースをかけたものやモロッコ風ミートボールなどエスニックメニューが多い

教会の中にあるよ

便利でおもしろい場所にある
クリプト Crypt

ロンドンの中心、トラファルガー広場の脇にあるから、とにかく便利。教会の地下、かつては墓所だった場所は、その面影を少し残しつつも、きれいに改装されていて、いい雰囲気。

Map 別冊P.17-C2　ウエストエンド

🏠Crypt of St. Martin-in-the-Fields, WC2　☎020.7766.1158　⏰11:00～17:00（火～19:30、金・土10:00～14:00のみ　ホットフードは11:00～14:00のみ　休木、一部の祝、不定休あり　料£15～　Card M.V.　⊖Charing Crossより徒歩5分　URL www.stmartin-in-the-fields.org

1,2 聖マーティン・イン・ザ・フィールズ教会の地下にある。この教会ではいろいろなコンサートも開催される　3. メニューはベジタリアンから英国料理まで　4. セルフサービスで

ロンドンフーディーの台所

バラ・マーケット
Borough Market

農薬などを使っていない安心な食べ物だけを集めたマーケットが欲しい、というおいしいもの大好き女性が、活気のない市場をよみがえらせた。今やオーガニックに限らず、とにかくヨーロッパ中から逸品が集まるマーケットに。

グルメ御用達のフードマーケットへGO！

グルメな屋台ごはんを食べながら美食探検。
スーパーにはない珍しいものも手に入るよ！

花もあるよ！

THE FRESH OLIVE COMPANY

Organic Juice bar

フーディニ
おいしいもの好き

Map 別冊P.18-B3　サザーク

🏠8 Southwark St., SE1 1TL
⏰10:00～17:00（土9:00～、日～16:00）　困月、不定休あり
🚇London Bridgeより徒歩5分
URL www.boroughmarket.org.uk

鮮度が違うっての

ワクワクするワン♪

ポリシーのあるオーガニック&ベジ料理

おいしいもの☆いっぱい♪

Raspberry cake

STICHELTON
Handmade with raw organic milk

生ブルーベリーを使ったマフィン

CEYLON PURE CEYLON

特選セイロン紅茶

ハート形ジャムサンドビスケット

オーガニックのラズベリーケーキ

スティッチェルトンチーズ

英国名産リンゴ酒

NEW FOREST CIDER

グルメなハンバーガー屋台

Shortcrust Balls

フクロウ顔のショートブレッド

トルコのスイーツはパステル色

椅子やテーブルもあるよ！

お持ち帰りもよし！！

楽しんでいってね☆

NEW FOREST BURLEY 01425

本場イギリスの底力がここに！ こだわりの

絶品サンドが自慢の注目店から、あなどれないカジュアル店までロンドンのサンドイッチを一挙ご紹介！

イギリス定番サンドならここへ！

1. サラダ＆ローストビーフ
2. スモークサーモン＆クリームチーズ　3. 本日のスープ

スモークサーモン＆クリームチーズサンドイッチ

ていねいに作りますよ

ポール・ロテ＆サン　Paul Rothe & Son

1990年創業。4世代にわたって受け継がれてきた家族経営の店。カウンターでパンと具を選んで、イートインも可能。昼時にはテイクアウェイする人の列ができるので、時間を少しずらそう。

Map 別冊P.15-D1　マリルボン

🏠35 Marylebone Lane, W1U 2NN
☎020.7935 6783　🕐8:30～16:00
（土11:30～）　🈳日、一部の祝　🈁サンドイッチ£4.80～　💳M.V.　🚇Bond St.より徒歩5分

イギリス人が大好きなトスティ

1,2. ピクルス付きで、具はチーズのほか、オニオンまたはマッシュルームなど

グリルド・チーズサンドイッチ

モーティ＆ボブズ　Morty & Bob's

ランチやブランチのほか、夜にはバーにもなる。この店の目玉でもあるグリルド・チーズサンドイッチは夜でもオーダー可能。とろけるチーズが固まらないうちに食べよう。

Map 別冊P.11-C1　キングス・クロス

🏠49 Coal Drops Yard, N1C 4DQ　☎020.3668 7703　🕐10:00～22:00（月・日～18:00）　🈳一部の祝　🈁グリルド・チーズサンドイッチ£9～　💳M.V.　🚇Kings Crossより徒歩8分　🌐www.mortyandbobs.com

Recommended!
このサンドイッチは見逃せない！
イギリス人好みのものから世界の逸品まで多種多様

バラ・マーケットの人気屋台！

ここに座って食べられる！

ソルトビーフ

ナナ・ファニーズ
Nana Fanny's

4世代も受け継がれてきた料理法を守り、3週間かけて作られるソルトビーフはジューシーで絶品！ マーブル模様のライ麦パン、自家製ベーグル、シャラというふかふかのユダヤパンの3種類。

Map 別冊P.18-B3　サザーク

🕐10:00頃～15:00　🈳マーケット休業日　🈁ライ麦パンのソルトビーフサンド「オリジナル」£9　💳M.V.　🌐nanafannys.london

1. ライ麦パンの「オリジナル」
2. 左がシャラにソルトビーフ、チーズ、ジャガイモのかき揚げのようなラトケが入った全部入りの「ヒーロー」、右はベーグルの「クラシック」

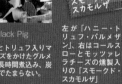

ハニー・トリュフ・パルメザン

PIG

スモークド・スカモルザ

ブラック・ピッグ　The Black Pig

豚肩肉のローストにハチミツとトリュフ入りマヨ、30ヵ月熟成パルメザンチーズをかけたグルメなイタリアンポークサンド！ 長時間煮込み、炭火で仕上げるポークがほろほろでたまらない。

Map 別冊P.18-B3　サザーク

🕐月～土10:30頃～17:00　日10:00～15:00　🈳12/25・26、マーケット休業日　🈁ハニー・トリュフマヨとパルメザン£10　💳M.V.　🌐www.theblackpiglondon.co.uk

左が「ハニー・トリュフ・パルメザン」、右はコールスローとモッツァレラチーズの燻製入りの「スモークド・スカモルザ」

バラ・マーケット→P.99

サンドイッチ大集合♪

ぜひいろいろ試しみて！

イギリスはサンドイッチ発祥の国

「サンドイッチ」は、賭け事の最中にも手軽に食べられるものをと、サンドイッチ伯爵が食べていたのが語源とされる。当時、高価だったキュウリを挟んだことから、今でもアフタヌーンティーではキュウリサンドが定番。

気さくなサンドイッチバー

1.3. ショーケースにはおいしそうな具材が並ぶ　2. 店内にはメニューもあり座って食べられる　4.5. 焼くだけの状態のものも　6. Wrapと呼ばれるサンド　7. エビマヨ、アボカド、サラダのヘルシーサンド

ハイ！まいどあり！！

バー・ブルーノ　Bar Bruno

ロンドンのど真ん中にありながら、庶民性を失っていない希少な店。お手頃価格とスピーディなサービスが自慢で、常連客も観光客も次々とやってくる。お昼時には列ができる日も。

Map 別冊P.16-B2　ソーホー

🏠101 Wardour St, W1F 0UG　☎020. 7734 3750
⏰月〜金4:00〜21:00　土・日5:00〜22:00（日〜17:00）　🈺一部の祝　🍴サンドイッチ£10〜
CardM.V.　🚇Piccadilly Circusより徒歩5分

Quickly!

サクッと食べられる便利な店も！

スーパーのものでは味気ない。そんなときはこちらの店も試してみて！

どうやって頼む？

カウンターに具が並んでいるので、ざっと確認してどの具にするか決めよう。パンの種類は、食パン形やロールと呼ばれるホットドッグに使われる長いパン、丸形のパンなど。ホワイトかブラウン（全粒粉）か聞かれることも多い。

便利なチェーン店

アッアツがおいしい！

プレタ・マンジェ　Pret A Manger

ロンドンのあちこちで見かけるカフェ。さまざまな具材やパンを使ったサンドイッチのほかにも、ボリューム満点のサラダやパスタを使ったボックス、スープなどがある。

1. ゆで卵とクレソンのサンドイッチとスープ　2. マッシュルームやチーズのトスティ

Map 別冊P.11-C3　ブルームズベリー

🏠73 Russell Sq., WC1B 5BG　☎020. 7837 7098　⏰月〜金7:00〜17:30　土・日8:00〜16:30（日〜16:00）　🈺一部の祝　**Card**M.V.　🚇Russell Sq.より徒歩3分　**URL**www.pret.co.uk

フードマーケットにもあるよ！

1. オープンサンドのブルスケッタ
2. サウスバンクセンターのイタリアンの屋台で

サウスバンクセンター・フードマーケット
Southbank Centre Food Market

テムズ河南岸の散策に便利な屋外マーケット。ロイヤル・フェスティバル・ホールの南側に本格的なピザやインドのベジタリアンサモサ、焼き菓子など、いくつもの屋台が出ている。

Map 別冊P.17-D3　サウスバンク

🏠Belvedere Rd, SE1 8XX　☎020. 3879 9555　⏰金・土12:00〜21:00（土〜11:00〜）　月（祝のみ）・日12:00〜18:00　🈺月（祝以外）〜木、不定休あり　🍴店による　🚇Waterlooより徒歩5分　**URL**www.southbankcentre.co.uk/visit/cafes-restaurants-bars/scfood-market

初めてでも安心！
パブでロンドンっ子の仲間入り♪

イギリスに来たんだから、やっぱりパブに入ってみたい。地元の人に交じって、パブ独特の雰囲気を楽しんでみよう！

パブの看板は店によってとってもユニーク☆

Hi! Lady! Alright, daring?

気楽にネ！

パブってどんなとこ？

パブというのは、仕事仲間や友達、あるいは家族とお酒を飲みながら、楽しく語り合う場所だから構えず気楽に。1パイントは568㎖で£7〜。何種類か試したいなら、半パイントでトライしてみるのもいい。

「なんか入りにくいよ〜」というアナタに

Tips 1　場所と時間に注意！

夕方17：00前から仕事帰りの人たちがパブに集う。特に木・金は大混雑が予想されるので月〜水の早めの時間に行くといい。コーヒーや紅茶も頼める場合が多い。観光客が多い中心部やテムズ南岸沿いのパブは比較的入りやすい。

Tips 2　注文のタイミング

パブの外にたくさん人がいても、中の席がガラガラなことも多い。勝手に席に座ってOK。カウンターに人だかりができている場合は、暗黙の了解があるので、財布などを握りしめ、買う気を見せて順番を待とう。食事はカウンターで頼む場合と席で頼む場合がある。

arucoおすすめパブ3選

修道院のような
ブラックフライアー　The Blackfriar

「ブラックフライアーズ」という地名は、13世紀にあった修道院が由来なのだそう。その影響を受け、たくさんの修道僧のレリーフで飾られた、小さいながらも雰囲気のあるパブ。

Map 別冊 P.18-A2　ブラックフライアーズ

🏠174 Queen Victoria St., EC4V 4EG　☎020.7236
5474　🕐月〜土11：30〜23：00　日12：00〜18：00
🚫一部の祝　Card A.M.V.　URL www.nicholsonspubs.co.uk/restaurants/london/
theblackfriarblackfriarslondon

歴史遺産でもある
ジョージ・イン
George Inn

かつてはバルコニー付きの馬車宿として使われ、馬車を横付けした広い中庭で芝居も上演されていたという歴史あるパブ。現在の建物は1676年に再建されたもので、2階では伝統的なイギリス料理を食べることもできる。

DATA → P.161

買い物に疲れたら
クラッカン　The Clachan

1898年建造というヴィクトリアン様式のパブ。優雅な模様を施したガラスの仕切りや建具が往時をしのばせる。リバティのすぐ裏にあるので便利だし、内部も広く比較的注文しやすい穴場的なパブ。

Map 別冊 P.16-A2　ウエストエンド

🏠34 Kingly St., W1B 5QH　☎020.7494 0834
🕐月〜金12：00〜23：00　土11：30〜23：30、日12：00〜22：00　🚫一部の祝　Card A.M.V.　🚇Oxford Circusより徒歩5分　URL www.nicholsonspubs.co.uk/restaurants/london/theclachankinglystreetlondon

✉ビールの味が苦手だったけど、シャンディは軽い感じで飲みやすかった。（東京都・シオン）

パブで頼みたい Drink & Food

軽くあいさつ&注文

> ビターを1パイント（半パイント）ください
> A pint(half) of Bitter, please.

> はい、わかりました
> Yes, Okay.

あいさつはやっぱり基本。バーテンダーも気持ちよく耳を傾けてくれるよ。ビールの種類と量を簡潔に言おう。

泡が！おいしそう

> ほかになにか？
> Anything else?

何人かのぶんをまとめて買うことも多い。ジュースのほうがいい人は何があるか聞いてみて。簡単なつまみにはクリスプスを。

> ライム入りのレモネードをください
> Lemonade with lime, please.

> £12です
> 12 pounds, please.

支払いをします

何人かのぶんを注文したときの支払いはまとめて。割り勘はダッチ・アカウントといって、ケチくさいと思われるみたい。空いてる席に座ってOK。

> はい、どうぞ
> Here you are.

🇬🇧 イギリスらしいお酒

●ビター bitter
イギリス伝統のエール。ペールに比べて色が濃く、銘柄にもよるが辛口のものが多い。人気の銘柄は「ロンドン・プライド」

●ペール pale
淡い黄金色で人気を博したビール。これをもとにビターが造られたといわれる。フルーティな香りと苦味が感じられるものが多い

●スタウト stout
黒ビール。ロンドンでできたポーターをもとにギネスができたといわれ、ポーターとかギネスと頼んでもいい

●ラガー lager
上記3つはすべてエール系。エールよりも炭酸が強くてキリリとしているのが、日本と同じラガー系のビール。冷やして飲むことが多い

●スコッチ Scotch
スコットランド産ウイスキー

●サイダー cider
リンゴ酒

●シャンディ shandy
ビールをレモネード（炭酸水）で割ったもの

食事とおつまみの定番は？

●クリスプス crisps
ポテトチップスのこと

●チップス chips
ポテトチップスではなく、フライドポテト

●ステーキ＆キドニーパイ steak and kidney pie
牛肉と牛の腎臓、タマネギを煮込んだものが入ったパイ

●プラウマンズ・ランチ ploughman's lunch
チーズ、パン、パイなどの盛り合わせ

●ジャケット・ポテト jacket Potato
皮付きジャガイモに、チーズ、ベークドビーンズ、ツナなどをトッピングしたもの

パブでロンドンっ子の仲間入り♪

> おまかせもいいかも？

🇯🇵 日本語ツアーでパブ体験

パブで夕食やビールを楽しんだ後、レストランや劇場など、さまざまなものが集まるソーホーを歩きながら、その歴史を聞くこともできるウォーキングツアー。料理や飲み物の注文など、すべてやってもらえるので、安心ラクチン。

ソーホー・ナイト・ウォーキングツアー
Soho Night Walking Tour

2023年3月現在休止中。要確認。

催行会社【みゅう】

DATA → 別冊P.25

1. 食事はフィッシュ＆チップやパイなど数種から選ぶことができる　2 パブ独特の雰囲気も皆で行けば大丈夫

種類豊富な クラフト・ビア・カンパニー
The Craft Beer Co.

地ビールから世界各地のビールまで勢揃い。樽のほか、缶や瓶入りのものまで多種多様。この店オリジナルのビターとペールもある。数時間〜半日で入れ替わる銘柄もあるのだ。

Map 別冊P.17-C1 ウエストエンド

🏠168 High Holborn, WC1V 7AA ☎020.7240 0431
🕐月〜水・日12:00〜24:00 木〜土12:00〜翌1:00
休一部の祝 CardM.V. 🚇Tottenham court Rd.より徒歩5分 URLwww.thecraftbeerco.co

飲むだけじゃ物足りない？なら
気軽でおいしい**ガストロパブ**がおすすめ

おいしい料理が食べられるパブ＝ガストロパブ。「お酒は苦手だけど、
パブに入ってみたい！」と思ったら、まずはガストロパブでランチを体験してみよう。

＼コレ
おいしそう〜

グルメなメニュー
はシーズンごとに
替わるものも

グルメなホテルパブ
ウィグモア
The Wigmore

セレブシェフMichael Roux Jr.監
修のパブ。ホテルの一角にあり、
忘れられたイギリス料理とカクテ
ルをモダンによみがえらせてい
る。パブらしからぬ重厚な入口の
ドアに怖じけず入ってみよう。

Map 別冊P.16-A1　ウエストエンド

🏠15 Langham Pl., W1B 3DE　☎020.
7965 0198　🕐月〜水12：00〜23：00
木〜土12：00〜翌1：00　㉡日、一部の
祝　💰メイン£12.50〜　Card A.D.M.V.
🚇Oxford Circusより徒歩5分　URL the-
wigmore.co.uk

1. 錫のカップがかわいい　2. パブには見え
ない入口　3. 静かな店内　4. ナツメのベー
コン巻き　5. 毎週中身が替わるパイ

＼おしゃれな／
カップ

ひと息
しませんか？

＼トロ〜リ／

🐦チャーチル・アームズの外観は花の季節もいいですが、クリスマスのディスプレイもキレイ。（山梨県・マユ）

タイ料理とフラーのビールが◎
チャーチル・アームズ
Churchill Arms

天井から壁まで、アンティークの品々がビッシリ詰め込まれている。観葉植物も天井から垂れ下がっていたりして独特の雰囲気。奥はタイ料理レストランになっている。

Map 別冊P.24-B2 ケンジントン

🏠 119 Kensington Church St., W8 7LN
☎ 020.7727 4242 ⏰ 食事 12:00～21:30
（日～21:00）💰 £20～ Card A.M.V.
👔 ディナーは望ましい Ⓜ Notting Hill
Gateより徒歩5分
URL www.churchillarmskensington.co.uk

ワシはここの常連よ

1. 絵になる外観　2. タイ風焼きうどん£12～　3. 癒やされそうな不思議な空間
4. 店名は元首相ウィンストン・チャーチルにちなんでつけられた　5. アンティークの標識はいつ頃のものかな？

気さくなガストロ
ドレイパーズ・アームス
The Drapers Arms

気軽な店です

ごく普通の素朴なパブに見えるが、料理はトップクラスでグルメに人気。お値段もガストロパブとしては手頃でうれしい。

Map 別冊P.7-C1 イズリントン

🏠 44 Barnsbury St., N1 1ER　☎ 020.7619
0348　⏰ 月～金12:00～15:00、18:00～
22:30　土12:00～16:00、19:00～22:30　日
12:00～20:30　休 12/25・26　👔 ディナー£35
～　Card A.M.V.　👔 望ましい　サンデイランチは人
気なので必須　Ⓜ Highbury & Islingtonより徒
歩13分　URL www.thedrapersarms.com

1. 前菜のオックステール煮込みとダンプリング£9.50。メニューは日替わり
2. タラと菊芋の発酵レモンヨーグルトソース£25

シーフードがおいしい
カウ
The Cow

仕入れの状況によって変わる日替わりのシーフードメニューは新鮮でおすすめ。ほかに、イギリス伝統のパブメニューも。

Map 別冊P.6-A2 ノッティング・ヒル

🏠 89 Westbourne Park Rd., W2 5QH
☎ 020.7221 0021　⏰ サロンバー＆キッチン月～土12:00～22:30　日12:00～
22:00　休 一部の祝　💰 £25～
Card M.V.　👔 食事は望ましい
Ⓜ Westbourne Parkより徒歩5分
URL thecowlondon.co.uk

メニューはいろいろ

1. アイリッシュ・ロック・オイスターとエビ　2. バーカウンターも
3. シックな外観　4. 日替わりメニューの黒板

パブ、レストラン、カフェの違いは？
大まかにいうと、パブはお酒を楽しむ人が多くて、レストランは食事どころ、カフェは休憩用。ガストロパブは、パブとレストランの中間くらいの存在。

平日セット
ランチが
絶対お得！

ディナー・バイ・ヘストン
Dinner by Heston Blumenthal

分子料理で有名なヘストン・ブルーメンタールが手がけたレストラン。コンセプトは過去700年の英国料理レシピを発掘し、現代によみがえらせるというもの。夜は超高級だがセットランチは同じ料理が破格値でいただける。

Map 別冊P.21-D1　ナイツブリッジ

🏠 Mandarin Oriental Hyde Park Hotel, 66 Knightsbridge, SW1X 7LA　☎020.7201 3833
🕐12:00～14:30、18:00～21:30
休不定休　料セットランチは3コース£59　夜はひとり£110～
Card A.D.M.V.　要　ランチでも3ヵ月前に満席という日もある
👔スマートカジュアル　🚇Knightsbridgeより徒歩5分　URLwww.dinnerbyheston.co.uk

©courtesy of The Mandarin Oriental Hotel　©Ashley Palmer-Watts ©Eddie Judd

Celebrity Chef

アシュトン・
パーマー・ワッツ

神童とも呼ばれる凄腕シェフ。ヘストンに絶大な信頼を置かれている。

1.ミカンの形の「ミートフルーツ」にはフォアグラのパテが 2.鳩のグリルは18世紀のレシピ 3.ティプシーケーキ 4.マンダリン・オリエンタル・ホテル内にある 5.違った雰囲気の部屋がいくつかある

お得な
時間帯を狙って
行きたい！

セレブ
プロデュース

メキメキとグルメレストランがテレビ番組などに登場するお値段は高めだけれど、優雅なお食事タイムを

ランチの
コースが
狙い目

ケリッジズ・バー＆グリル
Kerridge's Bar and Grill

コリンシア・ホテル内にある重厚な雰囲気の店。新鮮な食材でグルメレベルに仕上げた英国料理は、メニューを見るとフランス料理かと思えるほど。アラカルトは高いけれど、セットランチは2コース£15とものすごくお得！

1. エビを使ったスコッチエッグ 2. 熟成肉のタルタルステーキ。うま味がしみる 3. メインダイニング 4. 店名のとおり、肉や魚は巨大なグリルで焼く

Map 別冊P.17-C3　ウエストエンド

🏠 Corinthia London Hotel, 10 Northumberland Av., WC2N 5AE
☎020. 7321 2344　🕐月～土12:00～14:30、18:00～22:30 日12:00～15:00、18:00～21:00　休無休　料ランチ2コース£15、3コース£22.50（月～金のみ）　ディナー£70～　Card A.D.M.V.　望ましい　🚇Embankment、Charing Crossより徒歩3分　URL www.kerridgesbarandgrill.co.uk

Celebrity Chef

トム・ケリッジ

坊主頭で豪快に笑うキャラでおなじみのセレブシェフ。郊外のミシュラン2つ星ガストロパブ（ミシュラン史上初）をはじめ、7つのレストランを抱えている。

106 ✉高級レストランではチップも少し多めにしました。（神奈川県・ユリナ）

シャンテール・
ニコルソン

ニュージーランド出身で弁護士から
シェフに転向した変わり種。旬の食材
を生かした料理をTVで披露したり、食
の貧困に取り組んだりと食育にも熱心。

1. 甘く煮たルバーブのデザート　2. 帆立貝、花の香りのピクルスとクリーミーなソース　3. 近郊で採れるレタスのサラダにはみそドレッシング　4. 打ち放しの壁に観葉植物が似合う店内

食器は
イギリスの
作家のもの

セレブシェフプロデュースのレストラン

アプリシティ
Apricity

新鮮な野菜を使った創作料理が得意
なセレブシェフの店。おいしいだけ
でなく、フードロス削減、地産地消、
子育て中でも働きやすい環境などサ
ステナブルなモットーを掲げ、サー
ビス料は取らない。

Map 別冊P.15-D2　メイフェア

🏠68 Duke St., W1K 6JU　☎020.8017 2780
🕐火〜木12:00〜14:15、17:30〜21:00　金12:00〜
14:30、17:30〜21:00　土12:00〜14:30、17:00〜21:00
（ラスト入店時間）　🚫日・月、1/1、12/24〜12/26
💰ランチ2コース£39　アラカルトのメインコース£25〜　ディナー
£70〜　CardA.D.J.M.V.　🍽望ましい　🚇Bond St.より徒
歩2分　URLwww.apricityrestaurant.com

シェフ
のレストラン

増えてきたロンドンには、
セレブなシェフも多い。
そんなシェフのレストランで、
過ごしてみたいもの。

1.パブの面影が残る店内は明るい　2.プラムのデザート　3.イチゴのバルサミコ酢焼きを添えたチーズケーキ　4.ポークチョップと桃のグリル

ラムジーが育てた
敏腕女性シェフの
ふたり目として、
セレブシェフの仲
間入りを果たした。

キム・
ウッドワード

Celebrity Chef

今どきのロンドン美食事情

セレブシェフ店の人気は続いているが、なにしろ
お高い値段なので「フツーの人にももっと美食
を！」というトレンドも。グルメに神様と崇めら
れるヘストン・ブルーメンタールはお手頃なランチ
セットを提供、ゴードン・ラムジーは自ら育てた
シェフに気軽にグルメ食を満喫できるレストラン
を任せている。英国食材のみで作る料理にこだわ
る店が増えているのもイイ感じ。

セット
メニューが
お得！

ヨーク＆アルバニー
York & Albany

セレブシェフ、ゴードン・ラムジー
は、超高級店からバーまで25以上
の店を持つ。ここはそのひとつで、
もとはパブという気軽な雰囲気の
なかで、グルメ料理をいただける。
週末はイギリス式朝食も出してい
る。季節のメニューもあり。店の
上階は超おしゃれなプチホテル。

Map 別冊P.24-B1　カムデン・タウン

🏠127-129 Parkway, NW1 7PS
☎020.7592 1227　🕐月・火
17:00〜22:00、水〜日9:00〜
22:00（金・土）〜23:00、日〜
21:00）🚫一部の祝　💰セットメニューは
月〜金11:30〜18:00で2コース£19.50、
3コース£24、夜のアラカルトメイン£16.50
〜、サンデイロースト£25〜　CardA.M.V.
🍽望ましい　🚇Camden Townより徒
歩7分　URLwww.gordonramsayrest
aurants.com/york-and-albany

グルメな高級レストランは季節や日によりメニューが異なる。

セレブシェフプロデュースのレストラン

かわいいビスケットがいっぱい！

お菓子をかたどったビスケットは、ひとつずつていねいにアイシングをして作っているんだって。ロンドンらしい衛兵のビスケットボックス£25

どれもこれも
欲しくなっちゃうかわいさ！

Biscuiteers
ビスケッターズ

色とりどりのアイシングビスケットがたくさん並んでいて、衛兵、ダブルデッカーなど、テーマごとに缶に詰めてある。奥にはアイシング体験ができる小さなカフェも。

Map 別冊 P.24-A2 *ノッティング・ヒル*

🏠194 Kensington Park Rd., W11 2ES
☎020.7727 8096 🕐月〜土10:00〜
18:00 日11:00〜17:00 🈺一部の祝
CardA.M.V. 🚇Ladbroke Groveより徒歩3
分 **URL**www.biscuiteers.com

オーダーメイドのバースデイケーキも

アイシング
体験も
できるよ

ラブリーな世界にどっぷり浸る♡インスタジェニック

ケーキとマッチしたドリーミーな
店構えがすてき！

夢のなかにいるようなファンシーさ
Peggy
Porschen
ペギー・ポーション

チョコなどの
スライスケーキ£7.50〜の
ほか、マカロン£2.75〜も

ペストリーシェフとして活躍するペギーさんが、2010年にオープンしたパーラー。ケーキデザイナーになりたい、という小さな頃からの夢が詰まった店でもある。

ケーキは
いろいろ
ありますよ

Map 別冊 P.22-A2
ベルグラヴィア

🏠116 Ebury St., SW1
W 9QQ ☎020.7730
1316 🕐9:00〜18:00
(日10:00〜) 🈺一部の
祝 **Card**A.M.V.
🚇Victoriaより徒歩3分
URLpeggyporschen.com

カップケーキは季
節限定バージョン
もあり。£6〜

✉ ペギー・ポーションではスコーンと紅茶のクリームティーも頼めました。(東京都・TK)

ピンク好き
集まれ！

アーティスティックな空間がすてき！

Sketch
スケッチ

フードとアート、音楽を楽しめる空間が欲しくて、フランス人シェフが作ったというサロン。アフタヌーンティーはピンク色インテリアの「ギャラリー」レストランで。

1,2.壁いっぱいのアートに囲まれたピンク&クールな空間　3.卵形のトイレ！男女共用で中は普通の個室トイレ。なんか不思議な空間だ〜　4,5.アフタヌーンティーのサンドイッチやスイーツは毎月内容が替わる。ひとり分£75〜でオーダーや予約はふたり分から

Map 別冊 P.16-A2 メイフェア

🏠9 Conduit St., W1S 2XG　☎020.7659 4500　⏰アフタヌーンティー11:00〜16:00　休一部の祝　Card A.M.V.　座望ましい　🍴アートスマート（スタイリッシュで個性的な服装）。スポーツウエアは不可　🚇⊖Oxford Circusより徒歩5分　URL sketch.london

---

なカフェ&スイーツ♡
ロンドンで話題のインスタ映えするかわいくておいしいスイーツをご紹介。スイーツだけでなく、お店自体もフォトジェニックなので要チェック！

わたあめに囲まれた、ふわふわソフト！

Milk Train
ミルク・トレイン

インスタ映えするスイーツのなかでも人気抜群なソフトクリーム（英語＝ソフトサーブ）のお店。わたあめ（＝キャンディフロス）とソフトクリームの相性はばっちり！

Map 別冊 P.17-C2
コヴェント・ガーデン

🏠12 Tavistock St., WC2E 7NY　⏰火〜日13:00〜21:00（日〜20:00）　変更の可能性もあるので要確認　休月　Card M.V.　🚇⊖Charing Cross/Covent Garden/Leicester Sq.より徒歩5分　URL www.milktraincafe.com

アイスは
シーズンごとに
替わるよ

私たちがリアルに通う穴場グルメ

世界中からいろいろな人や食べ物が集まっているロンドン。
ロンドン通のスタッフならではの穴場やオススメを大公開しちゃいます♪

疲れた体に優しい味がうれしい

なんだか脂っこいものばかりで胃がもたれるな〜というときは、野菜がたっぷりと取れるこちらへ。タジン鍋などを使い、家庭料理をベースにしているというのにも納得の味。(ライターH)

1. プレートに盛りだくさん！
2. フレッシュミントティー

コンプター・レバニーズ Comptoir Libanais
Map 別冊P.15-D1 マリルボン
⌂65 Wigmore St., W1U 1JT ☎020.7935 1110 ⏰11:00〜23:00 (土・土〜23:00. 日〜20:00) ㊡一部の祝 ㊙£20〜 Card A.M.V. Ⓜ Bond St.より徒歩5分 URLwww.comptoirlibanais.com

支店も多くて便利な ヘルシーアジア飯

甘辛たれ付きご飯だよ

今日はちょっと疲れちゃったし、外食っていう気分じゃないな〜というときの定番がこのチェン店。お寿司もあるし、あったかいうどんやライスボールなどメニューも豊富。(編集K)

1.2.メニューは季節ごとに替わっていく

イツ itsu
Map 別冊P.17-C1 ウエストエンド
⌂41-44 Great Queen St., WC2B 5AD ☎020.7430 2696 ⏰11:00〜20:00 (土・日〜19:00) ㊙ライスボール£9〜 Card M.V. Ⓜ Holborn / Covent Garden より徒歩5分 URLwww.itsu.com

インドの定食だよ

ワンプレートで簡単 おいしいインドの定食

気軽にランチを食べられる店はないかと探していて発見したのがココ。プレートの上に盛り合わせになっているタリを頼んでしまえば、オーダーも簡単。辛さ調節もしてくれる。(編集M)

1. チャツネはパリパリのパパダムに付けてもいい
2. シンプルなタリ

マサラ・ゾーン Masala Zone
Map 別冊P.24-B1 カムデン・タウン
⌂25 Parkway, NW1 7PG ☎020.7267 4422 ⏰月〜金17:00〜21:30 (金〜22:30) 土・日12:30〜22:30 (日〜21:30) ㊡一部の祝 ㊙タリ£19〜 Card A.J.M.V. Ⓜ Camden Townより徒歩5分 URLwww.masalazone.com

おひとりさまでもOKな きれいめレストラン

お昼の時間をだいぶ過ぎてしまっても、軽食を簡単に食べられるきれいな店。明るくきれいな店内は女子が多めの印象。面倒な席の予約が不要なのも◎。(ライターF)

1. カリッと揚がったコーンはベーコンと絶妙の組み合わせ 2. スイーツもイケル！

グレンジャー＆コー Granger & Co.
Map 別冊P.11-C1 キングス・クロス
⌂Stanley Building, 7 Pancras Sq., N1C 4AG ☎020. 3058 2567 ⏰月〜金7:00〜L.O.22:30 土・日8:00〜L.O.21:30 ㊡一部の祝 ㊙メインプレート£17〜 Card A.M.V. Ⓜ King's Cross St. Pancras より徒歩3分 URLgrangerandco.com

高級ホテルのレストランだけど カジュアルOKなのが使える！

1. メインのポークカツレツ 2. 前菜のカボチャとルッコラ 3. チェリーのクランブル

盛りつけもおしゃれ！

長居したくなる店内

ピカデリー・サーカスからすぐというロンドンのど真ん中なのに、秘密の隠れ家みたいなところなんです。女子会にもよさそうな小ぎれいなレストランで、ゆっくりできますよ。(ライターS)

ハム・ヤード・ホテル Ham Yard Hotel
Map 別冊P.16-B2 ウエストエンド
⌂1 Ham Yard, W1D 7DT ☎020. 3642 1007 ⏰7:30〜22:30 (土・日12:00〜) ㊙セットメニュー2コース£35〜 3コース£45〜 Card M.V. Ⓜ Piccadilly Circusより徒歩3分 URLwww.firmdalehotels.com

タンパク質を補給して元気に巡ろう！

行列ができるフランス流ステーキの老舗。メインは、秘伝のソースがおいしいステーキ＆フレンチフライにサラダがセットされたコースひとつなので、焼き方を選ぶだけで簡単に頼めるのもうれしい！ **(ライターH)**

ル・ルレ・ド・ヴェニーズ・ラントルコット
Le Relais de Venise L'Entrecote
Map 別冊 P.15-D1 マリルボン

1. メレンゲやクリームが豪華なスイーツも　2. ステーキは2回に分けて出てくる。フレンチフライはお代わりも可能　3. まずサラダをいただきます！

🏠120 Marylebone Lane, W1U 2QG
📞020.7486 0878
月～金12:00～L.O.14.30（金～L.O.15:00）、18:00～22:45（金～L.O.23:00）土・日12:30～L.O.15:30、18:30～23:00（土～22:30）　一部の祝　平均£28～　Card M.V.　不可
🚇Bond St.より徒歩10分　URL relaisdevenise.com

外食費がかさむロンドンでうれしい高コスパ！

YMCAにあるレストランだから、とにかくリーズナブル。なのに、本場のおいしいカレーが味わえる。レトロな内装でセルフサービスだけれど、コスパは最高じゃないかな。**(カメラマンH)**

YMCAインディアン・ステューデント・ホステル
YMCA Indian Student Hostel
Map 別冊 P.10-A3 ブルームズベリー

1,2. インド風炊き込みご飯ビラウライスとチキンカレー
3,4. 野菜のかき揚げにはミントのチャツネを付けて

🏠41 Fitzroy Sq., W1T 6AQ　📞020.7387 0411　月～金7:30～9:15、12:00～14:00、18:30～20:30　平日ランチのカレーとライスで£6～　土・日ランチと夕食はセット£13　🚇Warren St.より徒歩5分　URL www.indianymca.org

---

お米が恋しくなったら行ってみて！

こちらはロンドン在住の方に教えてもらった店。カジュアルながら石釜を使ったビビンバが食べられるので、今日はお米食べたい！っていうときに。お手頃価格なのもうれしいね。**(編集I)**

ビビンバ　Bibimbap
Map 別冊 P.16-B1 ソーホー

ビビンバの上の具はいろいろ選べる

🏠11 Greek St., W1D 4DJ　📞020.7287 3434　月～金12:00～15:00、17:00～22:00　土・日12:00～22:30（日～21:30）　一部の祝　£12～　Card A.M.V.
🚇Tottenham Court Rd.より徒歩3分
URL bibimbapsoho.co.uk

ちょっと変わった中華料理はいかが？

フツーの中華とは少し違う西安料理が食べられる。豚の角煮をほぐしてバンズに挟んだようなXi'an Stewed Pork Burgerやスパイシーなソースを混ぜて食べる「ほうとう」のような麺がおいしい！**(ライターM)**

マスター・ウェイ　Master Wei
Map 別冊 P.11-C3 ホルボーン

1. プラム系の甘味のついたドリンク　2. ピリッと辛い蒸し鶏とパクチー＆キュウリ添え　3. スパイシーソースで食べる牛肉や青梗菜がのった独特の麺　4. 甘辛味でおいしいポークバーガー

ジューシーでおいしい

🏠13 Cosmo Pl., WC1N 3AP　📞020.7209 6888　月～土11:30～22:00（金・土～22:30）　日12:00～21:00　一部の祝　麺類£9.60～　メイン£8くらい～　Card M.V.　望ましい
🚇Russell Sq.より徒歩5分

☆1

☆2

1.ラズベリーやピスタチオが入ったチョコ　2.ナスとトマトのチーズ焼き

3.おいしそうな総菜が並ぶ　4.スイーツもいろいろあり

新鮮な総菜ばかりなのよ

持ち帰りOKもうれしい！

バリエ豊富！ヘルシー＆美味デリごはん

スイーツまで食べられるヘルシーデリは、気楽においしいものを食べたいときに。

このピザウマそうだな

味に自信あり
Ottolenghi
オットレンギ

ヘルシーな総菜からおいしそうなケーキまで並ぶデリ。防腐剤や着色料を使わず、作りたての料理を提供している。座って食べる小さなスペースもあり。

Map 別冊P.24-B2　ノッティング・ヒル

🏠63 Ledbury Rd., W11 2AD　☎020.7727 1121
🕐8：00〜19：00（日〜18：00）
🈺一部の祝　Card M.V.
Ⓜ➍Notting Hill Gateより徒歩10分
URL ottolenghi.co.uk

1.ホールのケーキやカップケーキも　2.新鮮なフルーツなど、生鮮食料品もあり　3.好きなものを自分で取る形式

食材も揃っている
Wholefoods Market
ホールフーズ・マーケット

オーガニックに興味があるなら訪れてみて。サラダバー付きのデリがあり、ロンドンのど真ん中という便利な立地もうれしい。テラス席あり。

Map 別冊P.16-B2　ソーホー

🏠20 Glasshouse St., W1B 5AR　☎020.7406 3100　🕐8：00〜22：00（日12：00〜18：00）🈺一部の祝　Card A.M.V.
Ⓜ➍Piccadilly Circusより徒歩3分　URL www.wholefoodsmarket.co.uk

ホットミールも食べられる
Planet Organic
プラネット・オーガニック

ミートボールなどの肉料理からラザニア、サラダのほか、スムージーやスープといった飲み物まで、オーガニックメニューが並ぶ。座れるスペースもあり。

Map 別冊P.16-B1　ブルームズベリー

🏠23-24 Tottenham Court Rd., W1T 1BJ　☎020.3073 1038　🕐8：00〜21：00（日12：00〜18：00）クリスマス前〜年始は不定期営業　🈺一部の祝　Card M.V.　Ⓜ➍Tottenham Court Rd.より徒歩3分　URL www.planetorganic.com

1.セルフサービスのスープバー　2.オーガニックのシリアルも種類豊富　3.いい感じの布製バッグも

コーヒーとケーキで休憩中

出会ったら運命♡
迷わず連れて帰る！

私たちの欲望を
ぜんぶ満たしてくれる！
お買い物＆ビューティナビ

アンティークにビンテージ……、あ、かわいい雑貨もあったっけ。
そうそう、おみやげも忘れずに。紅茶にコスメにフレグランスも！
欲しいものがありすぎて、帰りのスーツケースはパンパン必至。
でも、一点モノのワンピや靴は諦められないよね〜！

王室御用達の老舗デパート
フォートナム＆メイソン大解剖！！

紅茶で有名なF&Mだけど、実は老舗の百貨店。
なんと創業は英国が現在の正式国名になった1707年というから驚き！
国の歴史とともに歩んできた伝統の味や茶器は、おみやげにぴったり！

入口で私たちをフォートナム
さんにちなんだ、キャンドルを
持つ従者の像が出迎えてくれる

たくさんの紅茶が並ぶ売り場
には、趣向を凝らしたディス
プレイも

1時間ごとに、フォートナム
さんとメイソンさんが、表の
からくり時計から出てくるよ

F&Mの歴史

もとはといえば、王族の家に勤めて
いたフォートナムさんが、
女王が使ったろうそくの残りを
売ったお金で、メイソンさんと旅行
に携帯できる食料品を作り始めたの
が始まり。ひき肉でゆで卵を包んだ
「スコッチ・エッグ」もここの発明で、
今では英国伝統料理のひとつ。
300年以上もたった今も王室御用達
として評判が高い。

買い物にも食事にも！

F&Mの使い方

紅茶やビスケットなどは、グラウンド
フロア（1階）に固まっているので、
おみやげ選びはここを中心に。時間が
許すなら、ほかの階のキッチン用品や
フレグランスなども見にいってみよ
う。そして、紅茶の
老舗らしい、質
の高いアフタヌーン
ティーも味わって
みたい。

老舗の風格ただよう
フォートナム＆メイソン
Fortnum and Mason

王室御用達の高級食料
品店として、300年以
上も続いている老舗中
の老舗。有名な紅茶は
もちろんのこと、ビス
ケットから籐編みのバス
ケットに入ったかわ
いいお茶セットまで、
英国の気品が漂う。

Map 別冊P.16-B2　セント・ジェームズ

🏠181 Piccadilly W1A 1ER
☎020.7734 8040　🕐月～土10:00～
20:00　日12:00～18:00
㊡一部の祝　**Card** A.D.J.M.V.
🚇🚉Green Parkより徒歩5分
🌐www.fortnumandmason.com

ティールーム→P.27

ティーカップやポットは、ファーストフロア（日本の2階）にもいろいろありました。(静岡県・アユミ)

優雅な気分で！

best 1

ロイヤルブレンド（紅茶）

紅茶はやっぱり王室シリーズが人気。香り高いロイヤルブレンド（リーフ£15.95～）のほかに、女王のダイヤモンドジュビリー、ジョージ王子の洗礼など、大きな行事ごとに新しいフレーバーが誕生することも

best 2

ティーカップ
F&Mらしい水色のティーカップ£75。同じデザインのティーポット£150～もある

F&Mらしいマグカップ

アーティストのローリー・ドブナーが描いたF&Mのファサードが印象的なマグカップ。シンプルながらも趣がある仕上がり。£25.95

おいしいお茶を！

best 3

FORTNUM & MASON
Famous Teas
ROYAL BLEND
NET WT 250g 8.8oz

人気商品 best 5
これさえ買えば間違いございません！

best 4

ダンディーケーキ
ドライフルーツがたっぷり入ったイギリス人の大好物！フォートナムカラーの缶に入っている。£18.95～

しっとりおいしい

ビスケットの詰め合わせ

best 5

各種ビスケット
バラやスミレ入りから、ショウガと唐辛子の入った辛～い「ルシファー（火の悪魔）」のビスケットまで。£13.95～

らせん階段！

F&Mはこうなっている！

上の階にあるティーカップなどのコーナーがF&Mらしい。ほかにも、上品で高級感ある品が多数セレクトされている。また、地下の高級食材を集めたグロサリーには、ケーキやパンのほか、ワインなども売っている。

上の階でF&MグッズをGet！

Fortnum & Masonのロゴが入った、オリジナルのティータオル£12.95

ティーポットのイラスト入り

簡単フロアガイド

4F	ダイヤモンド・ジュビリー・ティーサロン →P.27
3F	ハンパー
2F	香水　ジュエリーなど
1F	ティーウエア　パーラー
GF	紅茶　ジャム　ビスケット
LGF	食品　ワイン

憧れのハンパーも

18世紀に常連客から旅行用の食料かごを頼まれたのを機に誕生。現在、F&Mのシンボルマークと同じハンパーに。紅茶やジャムのほか、マグカップもセットになったハンパーが£70。

種類豊富！

F&Mのブランドカラーが上品でたくさん入るバッグ£12.95

FORTNUM & MASON

麻でできた、しっかりとしたバッグ£8.95～

フォートナム＆メイソン大解剖！！

オリエンタル
な柄☆

本場イギリスの
リバティプリントが欲しい！

きゃほ〜

憧れのリバティプリントの生地と
手芸用品売り場へ直行！　かわいいボタン入れや
裁縫箱、針山などもあるから、
あれもこれも、お見逃しなく！

チューダー
様式の建物が
目印

LIBERTY

ココがおすすめ！
フロアプラン

5階 Fourth Floor
ラグやカーペット、
家具もすてき

4階 Third Floor
何といっても
リバティプリント！

3階 Second Floor
カフェで
アフタヌーンティー

2階 First Floor
レディスブランド

1階 Ground Floor
おみやげにぴったりな、
スカーフなど

1.優しい花柄は一番
の人気
2.新作も常に登場
3.キルト作りの本
4.初期のプリントは
今も現役
5.生地と手芸品が並
ぶ4階

チューダー様式の建物も魅力
リバティ　Liberty

内部も落ち着きのある木造りのデパート。
1階のブランド品やオリジナルのスカーフ
などのコーナーだけでなく、リバティプ
リントのある階へも足を運んでみたい。

Map 別冊P.16-A2　ウエストエンド

🏠 210-220 Regent St., W1B 5AH　☎020.
3893 3062（カスタマーサービス）　🕐月〜土10:00
〜20:00　日12:00〜18:00　🈲一部の祝
Card A.D.M.V.　🚇Oxford Circusより徒歩5分
URL www.libertylondon.com

時間が許すなら参加してみたい
リバティツアー

イギリス指定建造物グレードⅡに指定された建物に
ついてや隠された歴史を、創業者のアーサー・レイ
ゼンビー・リバティが開店した1875年に遡り、現
在までたどるツアー。最後に秘密の部屋でアフタ
ヌーンティーを楽しんで終了。英語のみ対応。

🕐10:30、11:00、14:30発など　要予約
日程や詳細はウェブサイトや電話で要確認
💰£85（アフタヌーンティーを含む）

プリントを扱う売り場には、いつも100パタ
以上が置かれている

どれに
しようかな？

　木造りの床や柱の雰囲気がよく、大好きなデパートです。(在ロンドン・YM)

この生地で
何を作ろっ
かな？

ミニ会話

何に使うものですか？
What is this for?

赤いのはありますか？
**Do you have
red one?**

この毛糸を2玉ください
**These two balls
of wool, please.**

ミニ単語

編み糸 ヤーン yarn

針 ニードル needle

縫う ソウ sew

編む ニット knit

針刺し ピンクッション
pincushion

リバティプリントが欲しい!!

1.1mからの切り売り
2.おみやげにもいい
手芸用品 3.リバティ
プリントの折り鶴!?
4.モリスデザインの
プリント服

リバティプリントの歴史

1875年に開店し、イギリスのファッ
ションに影響を与え続けてきたリバ
ティ。創業者のアーサー・レイゼン
ビー・リバティさんは、どこにもない柄
の布地と、ウィリアム・モリスら当時
の第一線のデザイナーを起用し、斬新な
デザインの「アート・ファブリック」を
発売。いつしか「リバティプリント」の
通称で呼ばれるようになった。当時のデ
ザインの大部分は今でも現役、まったく
古びて見えないのは驚き！

"LIBERTY" Art
Fabrics.

LIBERTY & Co.

ピンクも
いいネ

花柄好きへのおみやげならコレ☆

歴史を感じさせる吹き抜
けにはテキスタイルも

リンゴと
ナシの
針山各£11.95~

メジャーと
はさみ
各£14.95~

リバティプリントの
裁縫箱£36.95

B5のノート
£15.99

ハギレのセット
£29~

LIBERTY

フセンのセット
£12.99

裁縫用の小物
が入ったソーイ
ングボックス
£25.95

この花柄
ステキ！

リバティプリントのモチーフは、店内の壁のレリーフから取ったものもあったのだそう。 **117**

買い込みすぎにご用心！"ちくちく

クラフト好きに国境はないのです。かわいいものが作りたいのです。かわいい

リボンなら

好みのリボンがきっとありますよ

1、2．さまざまなタイプのリボンがいっぱい！　3．リボンはメートル売り　4．キットを使って、キャサリン妃と同じデザインの帽子を作っている店員さん　5、6．帽子にピッタリのコサージュもたくさん

すてきなリボンが見つかりそう！
ヴィヴィ・ルーロー VV Rouleaux

ある日、花屋がきれいなリボンやボタンを集めた店に変身。すると「こんな店が欲しかった！」とファッションデザイナーやインテリアデザイナーが押しかける人気店に。VVはvery very、ルーローは巻いたリボンとのこと。

Map 別冊P.15-D1 マリルボン

🏠102 Marylebone Lane, W1U 2QD ☎020.7224 5179
🕐月〜土10:00〜18:00 🚫日・祝、イースター前後、クリスマス〜新年 Card A.M.V.
🚇Baker St.、Bond St.より徒歩10分 URL vvrouleaux.com

ソーイングなら

コレかわいいでしょ

1．ソーイングキットや針山なども　2、5．フェルト帽子のパーツや羽飾りも扱っている　3．全国からちくちく好きが訪れ、いつも大忙し　4．きれいな色のビーズたち

ちくちく用品ならおまかせ！
マックロー＆ウォリス MacCulloch & Wallis

ソーホーに店を構えて100年あまり。ボンド・ストリートやサヴィル・ロウのほか、この界隈には仕立て屋さんがたくさんあったんだぞう。こうした店に生地や裁縫用具を納めてきた。2015年の移転でさらにストックが豊富に。

Map 別冊P.16-B1 ソーホー

🏠25-26 Poland St., W1F 8QN ☎020.7629 0311 🕐月〜金10:00〜18:00　土10:30〜17:00 🚫日・祝、イースター前後 Card A.M.V.
🚇Oxford Circusより徒歩8分 URL www.macculloch-wallis.co.uk

ヴィヴィ・ルーローではベースや飾りを選んで帽子を作ってくれます。（東京都・ミカ）

好き"はたまらないハンドメイド店

素材だらけなのです。だから、買いすぎちゃっても、許されます。きっと。

わたしボタン集めてるの〜 〜え〜

毛糸なら

手作りを楽しんでね！

chiku chiku

クラフトキットもあるよ

£12

クラフトなら

ホー

ちくちく好きはたまらないハンドメイド店

butterflies
a buttonbag craft kit

flowers
a buttonbag craft kit

1. チベット生まれ、イタリア製の毛糸　2. 色とりどりの糸が勢揃い　3. お手本のニットも　4. フェルトクラフトのキットも　5. こんなかわいい編みぐるみも！

1. アヒルのドアストッパー　2. かわいいソーイングキット　3. 針山なの、コレ……　4. ハートや小鳥などの布飾りキット　5. アヒルにバニーのフェルトキーリングキット　6. 子供用のアクセサリーキットなども

編み物好きは必見！
ループ　Loop

「最高の毛糸を吟味できる刺激的な空間を」というポリシーで、熟練のニッターたちとオープン。天然繊維で手染めの糸を世界中から集めている。

Map 別冊P.12-A1 イズリントン

🏠 15 Camden Passage, N1 8EA
☎ 020. 7288 1160 　営 水〜土 11:30〜17:30　日 12:00〜17:00
休 月・火、一部の祝　Card M.V. 現金不可　交 Angelより徒歩3分
URL loopknitting.com

クラフト好き御用達のデパート
ジョン・ルイス　John Lewis

なんせ初めは洋裁手芸品店だったデパート。ちくちくやクラフト用のあらゆる素材、生地に毛糸、と胸躍る品揃えに感激！ オリジナルな手作りキットはおみやげに最適！

Map 別冊P.16-A1 ウエストエンド

🏠 300 Oxford St., W1C 1DX
☎ 020. 7629 7711　営 月〜土 10:00〜20:00（木〜21:00）日 11:30〜18:00　休 一部の祝
Card A.M.V.　交 Oxford Circusより徒歩3分　URL www.johnlewis.com

chiku chiku

洋裁用品売り場のことは、英語でHaberdshery（ハバダッシャリィ）。　**119**

気軽に寄ってね！

小物もいろいろ

お宝いっぱいだよ

アンティークの宝庫

イギリスらしい雑貨小物なら

アフター・ノア
After Noah

もとは古い家具の修理や復元を手がけていたのだそう。そのうちに、今のようなアンティークとレトロな雑貨や玩具のお店になったとのこと。子供のお小遣いで買えるような駄菓子やおもちゃ、パーティグッズなどがところ狭しと置かれていて楽しい。宝物が見つかりそうな店。

Map 別冊P.7-C1 イズリントン

🏠121-122 Upper St., N1 1QP ☎020.7359 4281 🕐月〜土10:00〜18:00　日・祝11:00〜17:00 🏖一部の祝、クリスマス〜年末年始 **Card** A.M.V.　🚇Highbury & Islingtonより徒歩6分　**URL**www.afternoah.com

お菓子じゃないのよ

1. ピカピカ飛行機模型
2. 懐かしいブリキのおもちゃ
3. 魚のポーチ£21
4. キューガーデンのソープ £6.99
5. ジェリーキャットのうさぎ ぬいぐるみ£23〜
6. サヴィル・ロウの標識

マストバイはキャス

花柄＆水玉

愛しの

イギリスらしい花柄、素材どれも「かわいい！」と声がテンション上がること

キュートなグッズがいっぱい！

サス＆ベル　Sass & Belle

ほっこり温かみのあるグッズが揃っている。キッチンウエア、ホームウエアのほか、ポーチといった雑貨も豊富。動物や植物の絵柄のマグやショッピングバッグもかわいい。

Map 別冊P.17-C2 コヴェント・ガーデン

🏠31 The Market, WC2E 8RE ☎020.7497 0001 🕐10:00〜18:00 🏖一部の祝 **Card** M.V.　🚇Covent Gardenより徒歩3分　**URL**sassandbelle.co.uk

1.いろいろな模様の布をパッチワークして作ったクッション　2.動物の顔柄のクッションもかわいい　3.マグカップは動物柄のほか文字を使ったものなども

📷 アフター・ノアがある通り沿いは、カフェやレストランもあり、にぎやかです。（京都府・IA）

フワモコでキュート！

ロンドンらしい小物も
ベルズ ＆ ウィッスルズ
Bells & Whistles ※2024年2月現在、閉店

ロンドンらしいイラストの小物のほか、アクセサリー、インテリアやキッチン小物、ぬいぐるみ、カードなど、いろいろあるから、プレゼントやおみやげを探してみて。

Map 別冊P.12-A1 イズリントン

🏠47 Camden Passage, N1 8EA　☎020.7359 5633
🕐火〜金10:30〜17:30　土10:00〜18:00　日12:00〜17:00
🗓月、クリスマス〜年始、一部の祝　Card M.V.　🚇➡Angelより徒歩5分

bells & whistles

1. とぼけた表情がかわいい £18
2. 小さな店内にはセレクトされたグッズが並ぶ　3. ロンドンらしいイラストがいいミトン£19　4. ヴィクトリアエッグスのマグ£20

愛しのラブリー雑貨

色がとってもラブリー！

インテリア小物もある

だけじゃない！
いっぱい
ラブリー雑貨

水玉や植物柄などなど。
たげたくなる品揃え。
違いなし！

やっぱり行きたい！
キャス・キッドソン
Cath Kidston ※2024年2月現在、閉店

日本でも人気のラブリーな花柄模様が多い。ほかにロンドンらしい柄もあって、こちらも楽しくてオススメ。たくさんの小物から、ロンドンならではの品を見つけてみて！

Map 別冊P.16-A2 セント・ジェームズ

🏠178-180 Piccadilly, W1J 9ER　☎020.7629 4204
🕐月〜土10:00〜20:00　日12:00〜18:00　一部の祝
Card A.M.V.　🚇➡Green Parkより徒歩3分

1. お揃い柄のディスプレイがかわいい
2. 生地もいっぱい
3. お財布各種£48〜
4. イギリスらしい柄のグッズも　5. たっぷり入るクロスボディバッグ£63〜
6. デイバッグなどバッグの種類も豊富

ココが便利！
このピカデリー店はフォートナム＆メイソンの隣。紅茶のおみやげを買うついでに立ち寄っても。品揃えも豊富。

雑貨店の商品はシーズンごとに入れ替わるものが多い。

待ってるよ

何でも
聞いて
ちょーだい!

店員さんが
ていねいにアドバイス
してくれるよ

ヴィヴィアンに会いに
ワールズ・エンドまで

パンクファッション発祥の地といわれる
キングス・ロードにあるワールズ・エンド。
ここはヴィヴィアンの原点が
詰まった特別なショップ

Bag

1,2,3.キッチュな絵柄のバッ
グやヴィヴィアンらしい
「オーブ」をあしらったもの、
斜めタータンのバッグなど
£450〜

レアアイテムも手に入る
ワールズ・エンド
World's End

「アバンギャルドの女王」と呼ばれ
るヴィヴィアンが、1971年に開い
たこのブティックは、今もファッ
ションマニアの聖地。ここでしか
買えないアイテムもたくさん。

Map 別冊P.6-B3 フラム

🏠430 King's Rd., SW10 0LJ ☎020.7352
6551 🕐10:00〜18:00
🈺日、一部の祝、イースターは要確認 **Card**A.M.V.
🚇Sloane Squareより徒歩20分 Sloane
SquareよりバスでEdith Grove World's End下車、
徒歩2分 **URL**www.viviennewestwood.com

●ヴィヴィアン・ウエストウッド（旗艦店）
Vivienne Westwood
Map 別冊P.16-A2 メイフェア

🏠44 Conduit St., W1S 2YL ☎020.7439
1109 🕐月〜土10:00〜18:00 日12:00〜
17:00 🈺一部の祝、イースター要確認
CardA.M.V. 🚇Oxford Circusより徒歩7分

定番のブーツ①

ヴィヴィアンワールド勢揃い

ヴィヴィアンが色違いを着てたんだって☆

Shoes

1.海賊スタイルのブーツ£460〜
2.カラフルなサンダル£360〜
3.ちょっと変わった形のパンプスも

エッジーでしょ？

ヴィヴィアンに会いにワールズ・エンドまで

テロリストじゃないよ

ヴィヴィアンってどんな人？

パンクファッション生みの親で、2022年に81歳で亡くなるまで現役を貫いた。常に反逆的なデザインで世の中を驚かせ、世界トップデザイナー6人のひとりに選ばれ、大英帝国勲位までもらってしまった。トレンドなんて全然無視のデザインは、年月がたってもSo Cool！

1.ヴィヴィアンもご愛用だったというドレス　2.酔いどれ船員がテーマとか　3.メンズシャツも鋭い！　4.不思議な形のジャケット

店員さんがお手本！人気のワンピを着こなして☆

キラキラが今年流！

9.「オーブ」のネックレス£200〜
10.渋い指輪£125〜

Accessory

1.ヴィヴィアンのシンボル「オーブ」のイヤリング£110〜　2,6.指輪もいろいろ　3.コメット・オーブ・ペンダント　4.エグい指輪！
5.かわいいチャームも　7.小悪魔的イヤリング
8.キュートなスカーフ留め

やっぱりカッコイイ！
人気イギリスブランド大集合！！

トラディショナルなものも、カワイイものも、どこかクール。
そんなイギリス発ブランドを紹介します♡

コートといえばココ！

Burberry バーバリー

スカーフも
あるよ！

さまざまな色合い
のバーバリーチェッ
クのほか、ラグジュ
アリーな柄物も。
見せて欲しいもの
があったらスタッフ
に声をかけよう

1. 最新の音と映像が楽
しめる **2.** ブランドの
代名詞トレンチコート。
カシミア製も **3.** カシ
ミアのマフラーはイニ
シャルも入れられる
4. ゆっくり選べる
5. エマ・ワトソンら、
有名女優たちもバーバ
リーのコートを愛用
6. ギフトにもいいグッ
ズが並ぶ **7.** オリジナ
ルの香水も

旗艦店というだけあって、広々とした店内には、定番
のコートやマフラーのほか、新作のワンピースやバッ
グなども並ぶ。イギリス製の小物を扱うギフトコー
ナーもあり、おみやげ選びもはかどりそう。イニシャ
ルなどを入れてもらうことも可能。

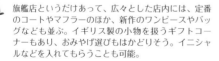

Map 別冊P.16-A2 ウエストエンド

🏠121 Regent St., W1B 4TB ☎020.7806 8904 🕐月〜土
11:00〜20:00 日11:00〜18:00 🚫一部の祝 Card A.M.V.
🚇Piccadilly Circusより徒歩5分
URL uk.burberry.com/stores/regent-street-store

Paul Smith
ポール・スミス

ここはポール・スミスがロンドンで初めて開いたショップ。今では靴などの店も増えている。自ら集めた絵を飾ったり、古いカメラやコラボ品のライトが置かれていたり、インテリアまでブランドそのものといった感じ。

Map 別冊P.17-C2 コヴェント・ガーデン

🏠40-44 Floral St., WC2E 9TB ☎020.7379 7133 🕐月〜土10:30〜18:30 日12:00〜18:00 🈺一部の祝 **Card** A. M. V.
🚇⊖Covent Gardenより徒歩1分
🔗www.paulsmith.com/uk

いらっしゃい

1. たくさんの絵画が飾ってありギャラリーのよう 2. シンプルさがイギリスらしい 3. ビビッドカラーのコート 4. コートとマッチしたブルーのバッグ 5. クールなモザイク柄のドレス 6. カード入れなどの小物もある 7. 帽子のほかスカーフやベルトも

人気イギリスブランド大集合!!

John Smedley
ジョン・スメドレー

産業革命の頃から始まる王室御用達のニットウエアの老舗。オードリー・ヘプバーンら有名人も愛したブランドで、さまざまなファッションデザイナーともコラボしている。

Map 別冊P.16-A2 メイフェア

🏠24 Brook St., W1K 5DG
☎020.7495 2222 🕐月〜土10:00〜18:00 日12:00〜17:00 🈺祝
Card M.V. 🚇⊖Bond St.より徒歩3分
🔗www.johnsmedley.com/uk

1. 極細の糸で編まれたエレガントな棒タイのセーター£205 2. ビンテージの趣があるVネックセーター£195 3. タートル£180は定番の人気商品

おみやげにもよさそう！

Radley ラドリー

カムデン・マーケットの屋台から
スタートし、今ではかわいい犬ス
コッティーが付いたバッグや財布
などを扱う有名店。ロンドンの公
園や通り名など、イギリスにちな
んだネーミングのシリーズも多い。

みんなで
待ってるよ☆

Map 別冊P.17-C2 コヴェント・ガーデン

🏠37 Floral St., WC2E 9DJ
☎020.7379 9709 ⏰10:00～
18:00 🈺一部の祝 💳A.M.V.
🚇Covent Gardenより徒歩3分
🔗www.radley.co.uk

1.愛らしい犬のイラストの財布£79～　2.花のアッ
プリケが付いたハンドバッグ£259　3.ショッパー
バッグ£29　4.かっちり仕立てのバッグ　5.スコッ
ティーの付いたお財布類、色も形も豊富！　6.ス
タート以来の人気商品、ポケットバッグやコラボ
商品が並ぶ　7.ティーポットやマグカップがある
ことも　8.キーリング£15くらい～

日本でも人気！

Dr. Martens Store
ドクター・マーチン・ストア

定番の1460番ブーツや1461番の平
靴をはじめ、ドクター・マーチンの
総ラインアップが並ぶ。昔ながらの
方法でていねいに縫い上げられた靴
は、まさにMade in England！

1.バンドをやってな　　　くても履きたくな
るブーツいろいろ　2.靴下も揃っている　3.黄色のブー
ツで軽快に！　£159　4.人気が高い定番のブーツ£159
～と靴£139～　5.ワックス仕上げのチェルシーブーツ
£159　6.イギリスらしくバラ柄も！

Map 別冊P.17-C1 コヴェント・ガーデン

🏠17-19 Neal St., WC2H 9PU　☎020.7240 7555
🕐月～土10:00～19:00（木～土～20:00）　日11:00～
18:00 🈺一部の祝　💳A.M.V.　🚇Covent Gardenよ
り徒歩7分　🔗www.drmartens.com/uk

Melt メルト

店内で手作りしている、新鮮なチョコレートの店。甘くて混ぜ物が多い市販のチョコよりも、たくさんのカカオを使用しており、まろやかな舌触りが自慢。希望の品を箱詰めしてくれる。

Map 別冊 P.24-A2　ホランド・パーク

🏠 6 Clarendon Rd, London W11 3AA
☎ 020.8354 4504　🕐 月～土10:00～18:00　日11:00～16:00　🚫 一部の祝
Card M.V.
🚇 Holland Parkより徒歩3分　URL melt chocolates. com

贈り物にもいいですよ

人気イギリスブランド大集合！！

1. さまざまな味のチョコバーがセットされた箱が並ぶ　2. ピスタチオ＆ラズベリーなどの板チョコも。200g£17.99　3. チョコキャラメル£11.99　4. ヘーゼルナッツ入りのチョコ£17.99　5. スライスオレンジにダークチョコを付けたセット£19.99　6. 好みのチョコの詰め合わせ。本命おみやげにいかが？

Prestat
プレスタット

1902年創業。カウンターにはいろいろな種類のトリュフが山積みに。選んで箱詰めしてもらうか、セットになっているものを買うこともできる。薄い板のようなフレーバーチョコもある。

DATA → P.166

1. イギリスらしいミント入りのほかナッツのトリュフ£16.50～も
2. ロンドンらしい絵柄がおみやげにグッド！薄いチョコ£19.50
3. たくさんのトリュフがショーケースに並ぶ　4. 鮮やかな箱が並ぶ店内

Charbonnel et Walker
シャボネル・エ・ウォーカー

1875年の創業以来、伝統的な手法で作られたチョコレートを王室にも提供する王室御用達店。ピンクシャンパンを使ったトリュフや、ユニオンフラッグの箱入りトリュフもおみやげにぴったり。

Map 別冊 P.16-A2　メイフェア

🏠 One The Royal Arcade, 28 Old Bond St., W1S 4BT
☎ 020.7318 2075　🕐 月～土10:00～18:30　日12:00～17:00　🚫 一部の祝
Card A.M.V.　🚇 Green Parkより徒歩5分　URL charbonnel.co.uk

1. ラムやジン入り、ダークチョコレートなどのトリュフ£18～　2. シーズンごとのおすすめの品が並ぶ　3. トリュフのショーケース。希望すれば試食もできる　4. 人気商品のセット£58

ロマンティック？　マニアッ
ビンテージ＆セカンド

ロンドンのファッションを語るのに、ビンテージ
ビンテージからアイデアをもらうこと
服やバッグからコーディ
ファッションマニア

60'sコレクターに
人気、エニド・コリ
ンズのバッグ 大好き店員

ビンテージ大好き店員

コヴェント・ガーデンの隠れた名店
ブラックアウト II

Vintage 1

BLACKOUT II

ありと
あらゆる帽子が！
£65〜

60年代のスーツ
上下で£98〜

100年近い年代物のドレスから80年代
の肩パッド入りスーツまで、小さな店内
に隙間なく飾られたビンテージの服とアク
セサリーの数々。一点一点ていねいに
手入れされた品ばかりで価格も手頃。

Map 別冊 P.17-C1　コヴェント・ガーデン

🏠51 Endell St, WC2H 9AJ　☎020.7240 5006
🕐11:00〜18:00　クリスマス前から新年は不定期
営業　㊡日、一部の祝　Card A.M.V.　🚇Covent
Gardenより徒歩5分　URL www.blackout2.com

今日は
地味な格好
なの

犬のブローチ£24〜、
スカート£49〜

ナイスな
コーデ

ブラウス£
75〜、スカー
ト£46〜

ク？ とことん凝って！
ハンドを手に入れたい

は欠かせないジャンル。あのポール・スミスだって、
もあるんだとか。店にギッシリ詰まった
ネートを考えるのは、
ならではの楽しみ。

ビンテージのデパート

アティカ
ATIKA

Vintage **2**

サイケな
トップス

セレブもうちの常連よ

ケイト・モスやワン・ダイレクション
のハリー・スタイルズなど、セレブ客
もお忍びで来るというビンテージ
ショップ。欧州一広い店内に2万点もの
衣類がぎっしり並び、圧巻！

Map 別冊 P.13-D3 **ショーディッチ**

🏠55-59 Hanbury St., E1 5JP ☎020.7377
8828 🕐11:00〜19:00（日〜18:00）
🚫一部の祝
💳A.M.V. 🚇
Shoreditch
High Streetより
徒歩7分／Liver
pool St.より徒歩
10分

どれに
しよう？

柄のストッ
キング
£12〜

修復した靴には
フェラガモも！

フェイクファーの
コート£55〜

壁紙みたい
なショート
ジャケット

ブランド物
のスニー
カーはほぼ
新品

ワタシ、全身ビンテージなの

金のビーズがつながった小さなトート

ビーズがキラ！クラッチバッグ

ズラリと並んだ靴はサイズもいろいろ

宝探し気分でGO！

ビヨンド・レトロ

Vintage 3 BEYOND RETRO

もふもふ帽子とセクシーワンピ

刺繍のような生地のバッグ

北欧にもあるビンテージショップで、店内は広々としたスペース。その中にところ狭しと並べられたビンテージの服や小物たちは、ものすごい量！　スウェットからドレスまで揃う。

Map 別冊P.5-C1 イーストエンド

🏠92-100 Stoke Newington Rd., N6 7XB
☎020.7729 9001　🕐月〜土11:00〜19:00
日12:00〜18:00　🚫一部の祝
Card M.V.　🚇Dalston Kingslandより徒歩10分　URL www.beyondretro.com

カラフルな花柄パンプス

どれにする？

さわやかレモン色のサンハット

オリジナルエコバッグ

黄色でブライトなコーデはいかが？

ロンドン北部のビヨンド・レトロは、とても大きく商品がたくさんあります。（三重県・TE）

質がいいブランド品が充実
オクスファム・ブティック

OXFAM BOUTIQUE

不用品を安く売るチャリティショップのなかでも、数年前に始まったここの「デザイナーブランド専門店」は大人気。リッチな住民のお古が格安で手に入る!

Map 別冊P.24-B2　ノッティング・ヒル

🏠 245 Westbourne Grove, W11 2SE　☎020.7229 5000　🕐月〜土10:30〜17:30　日12:00〜16:00　🚫ノッティング・ヒル・カーニバルの週末、一部の祝　Card M.V.　🚇Notting Hill Gateより徒歩10分　URL www.oxfam.org.uk

ブランド専門だよ

ビンテージ&セカンドハンド

キュートさ100%のバッグ

いろんなバッジも

フェンディのサマースーツ

セレクトショップみたいな
メアリーズ・リビング&ギビング・ショップ

MARY'S LIVING & GIVING SHOP

服や靴から小物まで、セレクトされたオシャレな品々が並ぶチャリティショップ。セカンドハンドのほか、ファッションデザイナーから寄付されたサンプル商品もある。

Map 別冊P.24-A1　プリムローズ・ヒル

🏠 109 Regent's Park Rd., NW1 8UR　☎020.7586 9966　🕐月〜土10:00〜18:00　日12:00〜16:00　🚫一部の祝　年末年始は要確認　Card A.M.V.　🚇Chalk Farmより徒歩5分　URL savethechildren.org.uk/shop/marys-living-and-giving-shops

パーティにいかが?

かわいいワンピも!

履きやすそう!

あなたにぴったり!

ビーズ使いもキュート

ちょっと上品なパンプス

ちょっとリッチに
王室御用達店でセレブ気分

昔から王や女王が親しんできたものがいっぱいあります

「王室御用達」。この響きに憧れを抱く人も多いのでは？
特別なものを買う、注文する。それだけで、気分が高揚します。

こうやってカシャッとやるんですよ

カラフルできれい

文具好きの永遠の憧れ
スマイソン
Smythson

19世紀にスマイソン氏によって創設された、高級文具と革製品の老舗。2王族すべての認定を受けている。便箋から手帳などの革製品まで、金箔の名前入れを頼める。

Map 別冊P.16-A2 メイフェア

🏠131-132 New Bond St., W1S 2TB
☎020.3535 8009 🕐月〜土10:00
〜18:00 🕐12:00〜18:00
🗓一部の祝 Card A.M.V. 🚇Bond
St.より徒歩5分 URL smythson.com

1.カラフルな手帳やダイアリー£40〜 2.イニシャルを刻み続けて40年以上 3.名入れは1文字£7.95〜 4.トラディショナルなイメージのノート 5.財布やバッグなども 6.丸い形がかわいいコインパース 7.名前入り便箋のデザインカタログ

紙の見本も

いろいろ選べるよ♪

エリザベス女王　チャールズ国王

王室御用達とは？

王室御用達The Royal Warrantに認定できるのは、現在国王のみ。女王の認定は亡くなってから2年間は維持される予定。ロイヤルワラント委員会の厳密な審査に通ればお墨付きとなる。5年ごとに更新の審査があり、場合によっては資格がなくなることもある。

スマイソンは、キャサリン・ヘプバーン、ヴィヴィアン・リーといった名女優たちも愛用していたそうです。（栃木県・tama）

フローリス
Floris

1730年から宮廷の出入り業者となり、19世紀のジョージ王により御用達に認定された。今も同じ場所に店がある。自然のエッセンスだけで調合された品格ある香りはさすがは老舗。

Map 別冊P.16-B2　セント・ジェームズ

🏠89 Jermyn St., SW1Y 6JH　☎03301.340180　🕐月～土9:30～18:30　日11:00～17:00　㊡一部の祝　**Card** A.D.J.M.V.
🚇Piccadilly Circusより徒歩15分
URL www.florislondon.com

1.ヘアやボディ用品もある　2.ハンドローション£24　3.数種の香りがあるキャンドル£60と香水£80～（100㎖、10㎖は£17～）　4.店内の棚は1851年万博の展示品　5.約300年前と変わらぬ店構え

1.ハンドクリームは王室でも人気　2.創業当時と変わらない「ウィンザー」の品揃え　3.いろいろな香りのコロン　4.髪の成長を促進するという伝統的なヘアローション　5.毎日使うのにかな香りのシャンプーとコンディショナー　6.紳士淑女のアイテムとして愛され続けている石鹸 7.何世代にもわたる常連が訪れる！

DRハリス
DR Harris

1790年にオリジナル香水を売る薬局として始まり、エリザベス女王とチャールズ国王から御用達を受けている。紳士用の身だしなみ用具のほか、コロンや石鹸、ハンドクリームも。

Map 別冊P.16-A3　セント・ジェームズ

🏠29 St. James's St., SW1A 1HD
☎020.7930 3915　🕐月～全8:30～18:00　土9:30～17:00　㊡日・祝　**Card** A.D.M.V.　🚇Green Parkより徒歩3分
URL www.drharris.co.uk

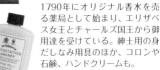

旅行サイズもあります

ココも王室御用達！

*ウエイトローズ Waitrose ➡ P.144
*バーバリー Burberry ➡ P.124
*プレスタット Prestat ➡ P.127

女王亡きあと、国王以外に誰が王室御用達の認定をするのか、まだ発表されていない。

WHITTARD
ウィッタード

長い歴史をもつ伝統ブランド

1886年創業の、紅茶やコーヒーを扱う専門店。店舗がいくつもあるが、このコヴェント・ガーデンが旗艦店。アリスや花柄模様など、イギリスらしい絵柄のパッケージも魅力。

Map 別冊P.17-C2 コヴェント・ガーデン

🏠 9 The Marketplace, WC2E 8RB ☎020.7836 7637
🕙10：00〜20：00（日〜水〜19：00）🈺一部の祝
Card A.M.V. 🚇⊖Covent Gardenより徒歩3分
URL www.whittard.co.uk

1. 地下のティーバーでお茶することもできる　2,3. ティーバッグのアールグレイとイングリッシュローズの紅茶　4. 日替わりでいくつかのお茶をテイスティングできる　5. 小さめのアリス缶に入った紅茶はセット売りもあり

紅茶好きの友達を喜ばせる　とっておきのフレー

イギリスみやげ候補No.1といわれる紅茶。どこで買うかから、味や香りまで、紅茶選びのコツを伝授しちゃいます！

世界中のお茶があるよ

お茶と一緒に手紙を送れる♪

1,2,3,4. ポストカードティーとして送る箱。紅茶の種類は、レモンペコ、ファミリーティー、バニラティー、ダージリンなど
5. 缶に入ったお茶にもさまざまな種類がある

POSTCARD TEAS
ポストカード・ティーズ

イギリスらしい伝統的な紅茶はもちろん、お茶好きのオーナーは、アジアなどのお茶も積極的に扱っている。オーナーが集めたポストカードが、パッケージのレトロな絵柄になっている。

Map 別冊P.16-A1 メイフェア

🏠 9 Dering St., W1S 1AG
☎020.7629 3654
🕙12：00〜18：30　🈺日・祝
Card A.M.V.
🚇⊖Bond St.より徒歩3分
URL www.postcardteas.com

✉ H.R.ヒギンズの紅茶ブルーレディを購入。紙パッケージだったのでホテルの部屋が柑橘系の香りでいっぱいに。（石川県・Yuki）

1. 欲しいティーバッグをばらで箱詰めして買うこともできる　2. バラが入ったゴールデン・ローズ・ハーツ　3. 高価なファーストフラッシュのダージリン　4. 細長い店の奥ではお茶を試すこともできる

TWININGS
トワイニング

300年を超える歴史をもつ旗艦店。どこでも買える有名ブランドだが、この店にしかない茶葉も多く並ぶ。奥のテイスティングバーでは試飲やお茶のマスタークラスに参加できる。

Map 別冊P.17-D2 テンプル

🏠216 Strand, WC2R 1AP
☎020.7353 3511　🕐金〜水9：00〜18：00　木11：30〜18：30
休祝　Card A.M.V.　🚇Templeより徒歩3分
URL www.twinings.co.uk

世界に知られる老舗の旗艦店

味と香りのチャート

香り強

香り弱

味薄い　　味濃い

紅茶好きを喜ばせるフレーバーを探そう

試したいお茶を言ってね

A ダージリン
Darjeeling
明るい水の色で甘い香りが強い。ストレートで楽しむのにいい

B イングリッシュ・ブレックファスト
English Breakfast
名前のとおり朝飲むのに向いているといわれる。ミルクティーに

C セイロン
Ceylon
味も色も強く濃いめのため、ミルクティーにするといいといわれる

D アッサム
Assam
濃いめの味で、チャイ用としても人気。ミルクティーにオススメ

E アールグレイ
Earl Grey
ベルガモットの香り高いフレーバーティーの一種。ストレートにいい

バーを探そう

1. さわやかなフルーツフレーバーの紅茶ブルーレディ
2. 店員さんおすすめのコーヒー豆、ヒギンス・ハウス・ブレンド
3. 缶に入ったギフト用紅茶もあり

H.R. HIGGINS
H.R.ヒギンス

1942年創業、エリザベス女王御用達のコーヒーと紅茶の専門店。昔ながらの銅の缶や紅茶が入った缶などが並ぶ。地下にあるひと休みできるカフェには、おいしそうな焼き菓子もある。

Map 別冊P.15-D2 メイフェア

🏠79 Duke St, W1K 5AS　☎020.7629 3913　🕐8：00〜17：30（土10：00〜18：00）　休日・一部の祝
Card A.M.V.　🚇Bond St.より徒歩5分　URL www.hrhiggins.co.uk

紅茶もコーヒーもおいしいよ♪

コーヒーと紅茶の専門店

4. 地下にあるカフェスペース　5. 昔ながらの秤で量って袋詰め　6. 銅製の缶にはコーヒー豆が入っている

ウィッタードの地下にあるティーバーではケーキなどを食べることもできる。

Special Tea Time!

お茶や食事をほっこり楽しむ

お茶の時間に欠かせないかわ
厚みのあるマグやお皿は

幅が広いストラ
イプが特徴の
コーニッシュ
ウェアのカップ
&ソーサーは肉
厚で丈夫。£18
A

イギリスらしいユニオン
ジャック柄のマグ。エマ・
ブリッジウォーター
のもの。£23 **B**

イギリスの伝統
的なブランド
バーレイのカッ
プ&ソーサー。
濃い青に花柄の
シックな絵柄が
人気。£43 **C**

Nice Cup!

トワイニング本
店の景観を描い
た、シンプルで
上品なオリジナ
ルのカップ&ソ
ーサー。£20 **D**

植物をイメージ
したオーラ・カ
イリーのジャ
グ。£30 **A**

小鳥の絵柄の
マグ。エマ・
ブリッジウォ
ーターのも
の。£22 **A**

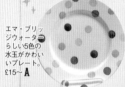

エマ・ブリッ
ジウォータ
ーらしい5色の
水玉がかわい
いプレート。
£15〜 **A**

『不思議の国
のアリス』が
描かれたハル
シオン・デイ
ズのティー
フォーワン
ポット。
£175。 **C**

Take me!

イギリスに
やってきた南
米生まれの
キュートなク
マ、パディン
トンのマグ。
£15.99〜 **E**

どこで買う？ かわいい食器たち

いろんなブランドを一気に見たいのならデパートがおすすめ。お茶関連の食器なら
数は少ないがティーショップにもあるし、雑貨の店でもかわいいマグカップなどが見つかる。

雑貨の
店は→P.120~12

B 品揃え豊富
リバティ
Liberty

イギリスらしい優しい絵
柄が人気のエマ・ブリッ
ジウォーターのほか、セ
レクトのセンスがよく選
びやすい。

DATA →P.116

上階にはティーポットを
展示したスペースも

D ブランド紅茶店
トワイニング
Twining

トワイニング旗艦店に
は、数 は 多くないが、
ティーポットやカップ
などが並んでいる。紅茶と
一緒にいかが？

DATA →P.135

E キュートなクマのグッズ
パディントン
Paddington

イギリス南西部への列車
が発着するパディントン
駅にある、クマのパディ
ントンのグッズがたくさ
ん揃うショップ。

Map 別冊P.14-B1

パディントン

🏠 The Lawn at Padding
ton Station, W2 1RH
☎ 020. 7402 5209
🕗 8：00～20：00
🗓 一部の祝
💳 M.V.
Ⓜ Paddington駅構内

シリーズごとに並んでい
るので探しやすい

A 庶民の味方
ジョン・ルイス
John Lewis

カジュアルなマグカップ
などから、高級ブランド
ウェッジウッドやロイヤ
ル・ドルトンのセットま
で一望できるのが魅力。

DATA →P.119

C 紅茶の老舗
フォートナム＆
メイソン
Fortnum & Mason

紅茶や食品が並ぶ地上階
を訪れたなら、ティー
カップのセットやティー
ポットなどが並ぶ上の階
まで足を延ばしてみて。

マグも
こんなに！

落ち着いた
空間でゆっ
くり吟味で
きそう

DATA→P.114

紅茶が入った棚の一角に
食器も置かれている

ティーカップや食器を見つけて！
Tea Cup & Tableware

いいティーカップやお皿たち。イギリスらしいおみやげにも。

ジョン・ルイスの動物マグ。かわいいワンコに癒やされそう。£10 A

ネコマグのオレンジバージョン。£10。ほかのイラストもあり A

オーラ・カイリーのイラストを使ったマグ。彩りがよく、シンプルで素朴な絵柄が魅力。£14.50 A

朝食に使いたいカップ＆ソーサー。エマ・ブリッジウォーターのもの。£40 B

猫のエッグカップ。さまざまな動物の陶器があるイギリスブランド、クエルのもの。£13 B

夢のような不思議な世界に誘ってくれるエマ・J・ショップリーのカップ。各£22 B

朝食が楽しみになりそうな、犬のイラストがグッドなエッグカップの4個セット。£25。A

木造りのリバティ外観が描かれたマグ。エマ・ブリッジウォーターとのコラボ£26.95 B

動物ものが多いクエルのエッグカップ。かわいい小鳥が毎朝卵を運んでくれるみたい。£14 B

陶器好きならひと足延ばして ストーク・オン・トレント

ストーク・オン・トレントはイギリスの陶器の里。ウェッジウッドやバーレイといった老舗工房、陶器博物館が点在している。ひとつの町ではなく、いくつかの町や村を合体させた集合都市。

ストーク・オン・トレントへのアクセス

ロンドンユーストン駅からマンチェスター行きの列車でストーク・オン・トレントまで約1時間30分。

Map 別冊P.5-D3 イギリス全図

1. エマブランドの陶器でアフタヌーンティーも 2. アウトレットショップでの買い物も楽しみ！

ラブリーな絵柄の魅力を再発見！

エマ・ブリッジウォーター・ファクトリー
Emma Bridgewater Factory

工房見学のほか、自分でスタンプを押して絵柄を作りマグやお皿を完成させる、絵付け体験も楽しい。カフェでゆっくり食事やお茶を楽しむこともできる。

Lichfield St., Hanley, ST1 3EJ ☎01782. 210565
9:30〜17:00 土・日10:00〜16:00 休一部の祝 交Stoke-on-Trentより車で5分
URL www.emmabridgewater.co.uk

1. 入口には創業者の大きなモザイク画も 2. 博物館内 3. ウェッジウッドのティーセットでお茶も

老舗の陶磁器工房も！

ワールド・オブ・ウェッジウッド
World of Wedgwood

ウェッジウッドは創業1759年の高級陶磁器ブランド。広大なスペースには、工房やオフィスのほか、博物館、アウトレットショップ、カフェ、レストランもあり。工房見学や絵付け体験もできる。

Wedgwood Drive, Barlaston, ST12 9ER ☎01782.282986
10:00〜17:00（工房見学は水〜金、要予約。時間は予約時に確認を） 休月・火（工房見学は土〜火） 不定休あり 交Stoke-on-Trentより車で15分 URL www.worldofwedgwood.com

こだわり女子必見！
こんな本屋が見たかった

コレクターが多いからなのか、ロンドンには
ちょっと変わったジャンルの本屋さんがある。
英語の本だけど、ジャンルでまとまっているから、
探しやすいし、アーティスティックな
インスピレーションを得るのにもってこい。

フクロウの表紙のノート

キューバの旅行本

料理の本屋さん前

英国領土の話を集めた絵本

ティーポットの
レターセット

ステンド
グラスがすてき
な店内

グリーティングカードを送る国
だけあってセットも種類豊富

ロンドンの文学少女御用達、市内に数店あるインディな本屋さん

女王様プリント
のノート

お店の推薦本、ケーキみたい

何でも
お答え
しますよ！

長靴下のピッピの絵本

ロンドンやイギリス
に関する本もたくさ
ん揃っている

オリジナルマグカップも
ときどき発売している

すてきな旅行本が
充実

村上春樹は
英国でも有名

限定もの
ピヨ☆

人気の高い、綿とキャ
ンバス地のエコバッグ

天窓から光が注ぐ
ドウント・ブックス
Daunt Books

作家による朗読とサイン会などのイベントも
多く、書物を愛する人御用達。ここマリルボ
ン店には、すてきなデザインのエコバッグや
グリーティングカード、ちょっとしたギフト
小物もあるから、のぞいてみる価値大。

Map 別冊P.9-D3　マリルボン

🏠83-84 Marylebone High St., W1U 4QW　☎020.
7224 2295　🕐月～土9:00～19:30　日・祝11:00
～18:00　🚫一部の祝　Card A.M.V.　🚇Bond
St.より徒歩10分　URL www.dauntbooks.co.uk

瞑想に使うお香£10〜
コットンバッグ£7.95

占いや魔法系に興味があるなら
トレッドウェル・ブックス
Treadwell's Books

あやしげなタイトルの本も

数種類のタ
ロットデッキ
が揃っている

こんな本屋が見たかった

オカルト占い、錬金術、魔法系の本や雑誌が揃う。神秘主義的な本ばかりでなく、よく棚を見るとミステリーやファンタジーなど、おもしろそうな古本も。魔法に使う道具やキャンドルもあり、地下ではタロット占いもしている。

色によって
香りが違う
キャンドル
なども

£200もする限
定部数の希少
本も

Map 別冊P.10-B3　ブルームズベリー

🏠33 Store St., WC1E 7BS
☎020.7419 8507　🕐12:00〜19:00
(土・日〜18:00)　🈺一部の祝　**Card** M.V.
🚇➡Goodge St.より徒歩5分　**URL** www.
treadwells-london.com

タロット占い→P.60

魔法系の本や占いグッズもいろいろある

石鹸£4.99〜
水晶玉の中に
未来が見える
かも

表紙を見ているだけでヨダレが出そう?
ブックス・フォー・クックス
Books for Cooks

なんと料理本の専門店。有名シェフだって、ここでインスピレーションを得ることもあるんだとか。奥のキッチンでは料理専門家のワークショップが開かれることも。

赤い外観がかわいい

Map 別冊P.24-A2　ノッティング・ヒル

🏠4 Blenheim Crescent, W11 1NN
☎020.7221 1992　🕐火〜土10:00〜
18:00　🈺月・日・祝。12/24から年末年始の10日間、8月後半の3週間
Card M.V.　🚇➡Ladbroke Grove・
Notting Hill Gateより徒歩10分
URL www.booksforcooks.com

店内にはカフェもある

本を読みながら
くつろげる
ソファも

ああ、これ
欲しかった
のよ！

カバーを見ていると
カッコイイから欲しくなっちゃう

文具や小物が多い
マグマ
Magma

ビジュアル系、アート系の雑誌や写真集といった書籍だけでなく、アーティスティックなTシャツ、ポストカード、雑貨なども並んでいる。

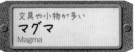

クリエイティブ系オフィスも
多いクラーケンウェルにある

Map 別冊P.11-D3　クラーケンウェル

🏠117-119 Clerkenwell Rd., EC1R 5BY　☎020.7242
9503　🕐月〜金10:00〜18:30　土10:45〜19:00　🈺日・祝、
クリスマス〜新年　**Card** A.M.V.　🚇➡Chancery Lane・
Farringdon より徒歩5分　**URL** www.magma-shop.com

マグマには、ちょっとしたおみやげになりそうな小物もある。　**139**

タイプ別でお悩み解決！
おみやげ FOR MEN

男性へのおみやげは悩みのタネ。でもイギリスといえば紳士の国。
ちょっと奮発して、グッとくるアイテムをゲットして♡

ミニ会話

彼へのおみやげを探しているのですが。
I want a present for my boyfriend.

プレゼント用にラッピングしてもらえますか？
Will you wrap it as a present, please?

もう少し小さいサイズはありますか？
Do you have a small one?

for stickler
こだわり派

イギリスらしいものがいいな

これが私のおすすめです

シャツ＆ネクタイなら
チャールズ・ティリット
CharlesTyrwhitt

1986年創業の歴史ある紳士服専門店。伝統的なスタイルに、ほどよく流行も取り入れて、上品なカラーやチェックのシャツが揃う。ノンアイロンタイプのシャツもある。

Map 別冊P.16-B2
セント・ジェームズ
🏠100 Jermyn St., SW1Y 6EE
☎020.7839 6060 ⏰月～土
10:00～19:00 日11:00～17:00
🈺一部の祝 Card M.V. 🚇Picca
dilly Circusより徒歩5分
URL www.charlestyrwhitt.com

1,4.落ち着いた色味から鮮やかなものまで多彩な品揃え 2.ベーシックで着やすいシャツ 3.シックな格子柄とドットのネクタイ 5.さまざまな柄のネクタイが揃う

お酒が好きなら
ミルロイズ・オブ・ソーホー
Milroy's of Soho

Map 別冊P.16-B1
ソーホー

🏠3 Greek St., W1D 4NX
☎020.7734 2277
⏰月～土10:00～22:30
（土12:00～）
🈺日、一部の祝 Card M.V.
🚇Tottenham Court
Rd.より徒歩6分
URL milroys.co.uk

開店当初はワインを売る店だったが、いつしかシングルモルトウイスキーの品揃えが有名に。値段に幅があるので、好みや予算を伝えると選んでくれる。

ぼくに相談してみてよ

1.ロックなど、飲み方の好みと値段を伝えれば選んでもらえる 2.本棚の奥には地下バーへの入口が！

1.木彫りの杖は定番。お父さんにどう？ 2.ココで買った傘は修理の相談にものってくれる

英国らしいチェック柄も！

傘＆ステッキ専門
ジェームズ・スミス＆サンズ
James Smith & Sons Ltd.

Map 別冊P.17-C1
ホルボーン

🏠53 New Oxford St., WC1A
1BL ☎020.7836 4731
⏰火～金10:30～17:30
🈺土～月・祝 Card A.M.V.
🚇Tot-tenhamCourt Rd.より徒歩5分
URL www.james-smith.co.uk

1830年創業のジェームズ・スミスの品は、現在もお店の地下にある工房で職人さんの手によって日々作られている。

おみやげ期待してるよ！

いろんな香りを楽しんで

ボディソープはいかが？

モルトン・ブラウン Molton Brown

ロンドン生まれのボディ&ビューティブランド。ボディソープは創業以来ダントツの人気。レディやホームアロマもあり、香りのバリエーションが豊富。王室御用達。

Map 別冊P.16-A2　ウエストエンド

🏠227 Regent St., W1B 2EF
☎020.7493 7319
🕐月～土10:00～19:00
日11:00～18:00　㊡一部の祝
Card A.M.V.　🚇Oxford Circus
より徒歩4分　URLwww.molton
brown.co.uk

ボディウォッシュやシャンプーなどのトラベルキット

防水コートで知られる

マッキントッシュ Mackintosh

英国を代表するアウターウエアブランドのフラッグシップストア。モダンでシンプルなラインのコートが揃う。ロンドン店限定のアイテムをはじめ、豊富なラインアップも魅力的。

Map 別冊P.16-A2　メイフェア

🏠19 Conduit St., W1S
2BH　☎020.7493 4667
🕐月～土10:00～18:00
(木～19:00)　日11:00～
17:00　㊡不定休
Card A.M.V.　🚇Oxford
Circusより徒歩5分
URLwww.mackintosh.com

どのコートにしようかな？

1.フード付きのメンズ向けレインコート　2.オレンジが鮮やかな伝統的なレディスコート　3.落ち着いた店内

おみやげFOR MEN

おみやげ何でもいいよ

サッカーグッズ

アーモリー The Armoury

言わずと知れたロンドンのビッグサッカークラブ「アーセナル」のスタジアムショップ。彼のお気に入りの選手のゲームシャツをおみやげにいかが？

Map 別冊P.5-C1　ハックニー

🏠The Armoury, Emirates
Stadium, Hornsey Rd., N7
7AJ　☎020.7704 4120　🕐
月～金9:00～18:00　日10:00
～16:00　試合日は時間変更もあり　Card A.M.V.　🚇Arse
nalより徒歩10分　URLarsenal
direct.arsenal.com/ourStores

1.上から下まですべて揃える!?
2.人気選手のシャツを店員さんに聞いてみよう

代表と同じだよ！

1.イングランド代表のユニホーム　2.気軽に買えるTシャツも種類豊富　3.いつかは訪れたい聖地

ラグビーグッズ

ラグビー・ストア The Rugby Store

イギリスではサッカーに負けず劣らず人気スポーツのラグビー。ラグビーの聖地として有名なトゥイッケナムまで足を運んでグッズをゲットしてみては？

Map 別冊P.4-A3　トゥイッケナム

🏠Twickenham Stadium, Whitton
Rd., TW2 7RE　☎0333.014
4546　🕐10:00～16:00(日11:00
～)　イベント開催時は変更あり
㊡一部の祝　Card A.M.V.
🚇Waterloo駅から列車でTwicken
ham駅下車。徒歩15分　URL
www.englandrugbystore.com

ナイキタウン Niketown

彼の好きな選手がナイキと契約しているのなら、このショップは要チェックかも。

Map 別冊P.16-A1　ウエストエンド

🏠236 Oxford St., W1C 1DE
☎020.7660 4453　🕐月～土10:00～
20:00 (土9:00～)　日11:30～18:00
㊡一部の祝　Card A.D.M.V.
🚇Oxford Circusより徒歩5分
URLwww.nike.com/gb

フードコーナーにはコーヒーカウンターなどもある

歴史を感じさせるファサード。夜のイルミネーションもきれい

ベーカリーコーナーものぞいてみたい

歴史あるイギリスの老舗デパート
ハロッズで本命おみやげ探し♡

オレンジのれんが造りの外観からして老舗の風格が漂うハロッズ。
観光名所にもなっている優雅な店内でおみやげを探してみよう！

フードホールにはソーセージロールやイギリスらしいパイも並ぶ

◦ㅇ⌒ FOOD CORNER ⌒ㅇ◦
フードコーナー

地上階にあり、イギリスらしいパイなどの総菜からベーカリー、紅茶＆コーヒー売り場、ビスケットやチョコなどのお菓子売り場が並ぶ。

アールグレイの紅茶も

1,2,3.ハロッズ外観のイラストをあしらった缶入り紅茶£11〜など、各種紅茶が勢揃い
4. 銅の茶缶に入ったルーズリーフティーを相談しながら買うこともできる

老舗中の老舗
ハロッズ Harrods

1894年創業、山高帽をかぶりステッキを持った英国紳士や、手袋をした貴婦人が通ったという世界を代表するデパート。イギリスらしいおみやげを買い求める観光客でにぎわっている。おいしそうな食料品がずらりと並ぶフードコーナーの隣には、高級レストランが入るダイニングホールもある。

Map 別冊P.21-C1　**ナイツブリッジ**

🏠 87-135 Brompton Rd., SW1X 7XL
☎ 020.7730 1234　🕐 月〜土10:00〜21:00　日11:30〜18:00　⊖一部の祝
Card A.D.M.V.　🚇⊖Knightsbridgeより徒歩3分　URL www.harrods.com

✉ フードコーナーにはイギリスブランドのチョコレートのお店もありました。（東京都・miu）

GIFT SHOP

ギフトショップ

ナイツブリッジ側の地下1階。ハロッズブランドのクマやバッグ、紅茶、ビスケットなど、イギリスらしいおみやげを一気に買える。

Bear

グリーンの制服が目印のハロッズ門番、王室ゆかりの衛兵、ロンドンポリスのクマのほか、シーズンやイベントごとに登場するものも。小さなものが£12〜

クマポリスもいるよ♥

ハロッズベアのバッグ

Bag & Pouch

定番のハロッズのロゴ入りからロンドンらしいイラストやクマのバッグなど種類豊富。£30〜

Mug

衛兵のイラストなどが描かれたマグカップは旅の思い出にも。£20〜

Biscuit

バターたっぷりビスケットのショートブレッドはおいしいおみやげに最適。ハロッズ缶入り£20。ウォーカーのビスケット缶£10.50などもある

ビスケットもいろいろある

高級フィッシュ＆チップスはいかが？

ケリッジズ・フィッシュ・アンド・チップス
Kerridge's Fish and Chips

ミシュランスターをもつセレブシェフプロデュースのラグジュアリーなフィッシュ＆チップス。ダイニングホールの一角にあり、カウンター席ではリッチな買い物客がシャンパンとともに5000円以上のフィッシュ＆チップスをいただいている。

☎020.7225 6800　⏰11:30〜22:30（月〜21:00、日〜18:00）　🍴フィッシュ＆チップス£35〜、ロブスター＆チップス£65　✈望ましい　Card A.D.J.M.V.　URL www.harrods.com/en-gb/restaurants/kerridges-fish-chips
その日に入荷した新鮮な白身魚を使いチップスは3度揚げしてある。自家製タルタルソースは抜群のおいしさ

ハロッズで本命おみやげ探し♡

LOVE SUPERMARKET Part.1

ウエイトローズは
オシャレで
質がいいのよ！

Waitrose ウエイトローズ

love or hate
愛憎の味

コールマンの マスタード

イギリス人にイングリッシュ・マスタードといえば、絶対にこれ。1814年創業の老舗ブランド。£1.75〜

ベア・ニブルズ のヨーヨー

天然果汁を煮詰めてひも状に固めた、グミとゼリーの間みたいなスイーツ。お出かけのお供に。£2.75〜

トーストには マーマイトを

チョコレートペーストみたいでしょっぱい？ トーストに塗って食べ、好き嫌いの分かれるスプレッド。£2.40〜

王様の
ブランド
だよ！

ウエイトローズ・ ダッチーの紅茶

チャールズ国王がかかわるオーガニックブランドの紅茶。ビスケットやジャムもあり、味がよく人気。£2.10〜

ウエイトローズの ラズベリージャム

イギリスらしい果実ラズベリーを使ったシンプルな製法のジャム。シュガー少なめバージョンもある。£2.40

フラーズの エール

生粋のロンドン生まれの醸造所フラーズ。英国ビールが好きならロンドン・プライドは絶品。右はオーガニックビール。£2.20〜

ウエイトローズのキャンドル

ジャスミンのキャンドル（左）£12とローズとバニラの缶キャンドル（右）£5

ウエイトローズのスコーン

不揃いな形でもおいしさは抜群のオールバター・スコーン。日本に帰ってもイギリスの味を楽しめる。£2

さわやか
カクテル

ピムス・ナンバー 1&レモネード

ピムスに柑橘系の果物とキュウリのスライス、レモネードを入れたカクテルは、イギリスの夏の定番。£2.40

王室御用達スーパー

ウエイトローズ
Waitrose

質のいいオーガニック食材やフェアトレード商品などを多く扱い、アッパー層に根強い人気。比較的大きな店舗は、マリルボン店、ブルームズベリー店、ジョン・ルイス地下など。

Map 別冊P.16-A1 ウエストエンド

🏠300 Oxford St., W1A 1EX　☎020.7629 7711
🕐月〜土10:00〜20:00（木〜21:00）　日12:00〜
⊖一部の祝　Card A.M.V.　🚇⊖Oxford
Circusより徒歩3分　www.waitrose.com

ブルームズベリー店
Map 別冊P.11-C3 ブルームズベリー

マリルボン店
Map 別冊P.9-D3 マリルボン

オシャレな一角にあるマリルボン店。ショッピングバッグは数タイプある

紀ノ国屋!?
マークス＆スペンサー

イギリス人が最も信頼して利用するといわれるのが、ウエイトローズとマークス＆スペンサー。ロンドン在住の日本人にも評判の2店。人気の秘密を探りにいこう。

Marks & Spencer マークス＆スペンサー

M&Sはお総菜の味もいいから人気なの!

M&Sの レモン・カード
レモンの果汁と砂糖、バター、卵を加えてじっくりとペースト状にしたジャムのようなもの。イギリスらしい一品。£2.20〜

M&Sの マーマレード
太めに切られたオレンジピールがたっぷり。とってもオトナ味のマーマレード。£1.85〜

M&Sのミニビスケット
季節に合わせた形のショートブレッドやオーツビスケットなどがミニサイズになっている。ちょっとしたおやつにも。各£1.05〜

おみやげにぴったり!

M&Sの アッサムティー
シンプルでおしゃれなパッケージがいい感じ。日本の軟水でもおいしくいただけると評判のアッサム茶葉。£2.50〜

M&Sの缶入り ショートブレッド
季節によって違う絵柄の缶にショートブレッドが入っている。ロンドン通へのおみやげにもおすすめ£5〜

M&Sのスコーンミックス
ミルクとバターを加えて混ぜて焼くだけ。焼きたてのスコーンはおいしい!£2.40

総菜と一緒に買ってみては?

M&Sの クリスプス
小袋に入ったポテトチップスで、サンドイッチの付け添えなどにもいい。シーソルトにバルサミコ酢がほんのり効いている。£1.05〜

M&Sの ダークチョコレート・ジャッファケーキ
スポンジとチョコレートの間にオレンジゼリーが挟んである。イギリスらしいお菓子。こちらはダークチョコなので甘さ控えめ。£2〜

M&Sのミニロール
ミニロールケーキがいくつか入っているので食べやすい。チョコレートケーキとオレンジが絶妙なハーモニー。£3.40〜

ほかにも違う味があるよ

シックなパッケージも人気
マークス＆スペンサー
Marks & Spencer

多くがM&Sオリジナルの商品で、質が高いことでも人気を集めている。服や雑貨などもあるマーブルアーチ店が品揃え豊富。マーブルアーチ店はレストランもある。

Map 別冊P.15-D1　ウエストエンド
🏠458 Oxford St., W1C 1AP　ほかに多数店舗あり　📞020.7935 7954　🕐月〜土9:00〜21:00　日12:00〜18:00　🚫一部の祝　**Card** A.M.V.　🚇●Marble Archより徒歩5分　**URL**www.marksandspencer.com

マーブルアーチのお店はデパートみたい。ショッピングバッグのイラストは数種類ある

ウエイトローズとマークス＆スペンサー

LOVE SUPERMARKET Part.2

お値うち価格がうれしい！

£5以下の セインズベリーズ

Sainsbury's
セインズベリーズ

テリーズ チョコレートオレンジ
£1.95

オレンジ風味のチョコレートがまあるいオレンジの形になっている！ひと房ずつ分けて食べる

サーソンのモルトビネガー
£1〜

イギリス名物フィッシュ＆チップスに振りかける定番のビネガー。日本のお酢よりも茶色で、酸っぱさが少し違う

マクビティのジャッファケーキ

オレンジのゼリーのようなものを薄いスポンジケーキとチョコで挟んだ、イギリスの定番ともいえるお茶菓子

£1.25

ティレルのベジチップス
£2.75

6つの賞を受賞したという、ニンジンなどの根菜類をチップスにしたもの。40gのミニパッケージがあることも

ジャムやマーマレード各種

おもなブランドが揃う。左からセインズベリーズのオリジナル、フランク・クーパーズ、チップトリー

£1.15〜

アレルギーフリーよ

イート・ナチュラルのシリアルバー
£2.40

手軽に食べてカロリー補給。オーガニックライスとチョコで小麦アレルギーの人もOK

タノックのチョコキャラメル・ウェファー

キットカットのご先祖。昔のままのしましまパッケージと男の子の絵がかわいいので、おみやげにも重宝！

£1.90

バラマキみやげにどう？

リコリスオールソーツ
£1.15

オールソーツとは「ありとあらゆる種類」の意味。少し苦いけどクセになる黒いリコリスなどが入ったいろいろな種類のグミ

セインズベリーズのアッサム紅茶
£2.60

厳選された茶葉が使われリッチな風味。濃く入れてミルクティーでいただくのがベスト！

生活に必要なものは何でも揃う

セインズベリーズ
Sainsbury's

イギリスでも大手のスーパーで、テスコとはライバル関係。バランスのいい品揃えで人気。ホットフードカウンターでは、温かいチキンやピザなども買うことができる。

Map 別冊P.17-C1
ホルボーン

🏠129-133 Kingsway, WC2 B 6NH ほかに多数店舗あり
☎020.7242 4696 🕐月〜土6:00〜23:59 日13:00〜19:00 休一部の祝
Card A.M.V. 🚇Holbornより徒歩1分
URL www.sainsburys.co.uk

地下鉄駅前で便利。エコバッグはよくデザインが変わるのでコレクターもいるとか

Finchely Road駅とグロスター・ロード駅近くのセインズベリーズは大きな店でした。（東京都・You）

おみやげ対決
VS テスコ

コスパ優秀な自社ブランド商品が人気のセインズベリーズと、値段で対抗する、安さ自慢のテスコ。どちらもロンドンに住む人たちが、日常利用するスーパーマーケット。

> コンビニみたいなテスコ・メトロも便利!

> パッケージデザインもいい感じ

パッカのバニラチャイティー

質のいいオーガニックハーブティーのブランド。レモンジンジャーやミントフレッシュなど、さまざまな種類のお茶がある

テスコのフレーバーティー

レモンピールやレモングラスのほか、ショウガが38%入っているので体が温まる。ヘルシーなノンカフェインのお茶

£1.25

アンブロージアのライスプディング

ごはんをクリームで甘く煮たもの。でも、なぜか食べられちゃうから不思議。これは常温保存タイプ

£0.85～

£1.03

タノックのティーケーキ

スコットランドの老舗ビスケットメーカーのオリジナルティーケーキは、パッケージもかわいい

モルドンのシーソルト

グルメレストランのシェフたちが愛用するという海水から作られる塩。キムタクがテレビ番組で使ったことで日本でも有名に

£2.50

テスコのミント・ハムバッグ

ハムバッグとは砂糖とキャラメルのしましまキャンディーのこと。すっきりミント味でついつい食べちゃう

£1.10

£3.30～

> ゴールドやフレーバー入りもあるよ!

テイラーズのヨークシャーティー

日本の軟水にも合うというヨークシャーティーの赤ラベル。青ラベルは硬水でうまく出るように調整されている

テスコブランドの紅茶

ファイネスト・シリーズらしく、高級感があるパッケージ。50バッグの小さなパッケージのものもありおみやげにもいい

£2.60

テスコのショートブレッド

ファイネスト・シリーズはテスコが誇る上質ブランド。バターがたっぷりのホームメイドっぽい食感がうれしい

£3.85～

> ティータイムのナイスなお供

安さで勝負!
テスコ
Tesco

ロンドンでいちばん広い店舗。営業時間が長いのが助かるし、広大なのでコスメや小物まで品揃え豊富でゆっくり買い物できる。おみやげもここで全部買っちゃおうかな……。

Map 別冊P.6-A3 ケンジントン

🏠 West Cromwell Rd., W14 8PB ほかに多数店舗あり
☎ 0345.6779388 📅 月～土 6:00～深夜（金～22:00）日11:00～17:00
🚫 一部の祝
Card A.M.V.
🚇 Earl's Courtの Exhibition Road出口より徒歩10分
URL www.tesco.com

エコバッグは数種類あって絵柄や材質が違う。ここはロンドンの大規模な旗艦店

ここに行けば何でも揃う!?
巨大ショッピングモール
ウエストフィールド

何買おうかな？まずお茶でも飲む？

なんと300店以上の店舗とレストランや映画館が集まっている。高級ブランドからカジュアルブランドまで、何でもこい。
中央のフードコートをはじめ、カフェやレストランも大充実！ショッピングはまとめてココでもよさそう。

Shop

いろいろ選べる☆
アクセサライズ
Accessorize

アクセサリーやバッグ、マフラーなどを手頃な値段で買うことができる。シックだったり、エレガントだったり、ビンテージっぽかったり、いろんなテイストのものから選べるのも魅力。

Level 1 (2階)
☎020.8740 5846
Card A.M.V. URL uk.accessorize.com

1.パールをつないだよう軽いショルダーバッグ 2.ダックスフントのパッチワークがかわいいポーチ 3.ハチがポイントのお財布 4.ビーズの花模様のポーチ 5.ジグザク模様のポーチ

1.ホロスコープキャンドル 2.繊細な絵柄のキャンドル 3.ウイークリーダイアリーやノート 4.キュートなマグカップ 5.刺繍キットなどクラフトキットも

文具や小物がたくさん！
タイポ Typo

手帳やノート、日記、マスキングテープといった文具のほか、クッションやマグカップ、スマホケース、バッグなどの生活雑貨も揃っている。幻想的な独特の絵柄のキャンドルやノートなどもある。

Level 1 (2階)
☎020.8749 3125
Card M.V. URL cottonon.com/UK/typo-home/

ドラッグストアのブーツ、スーパーのウエイトローズやM&Sもあるので超便利。(兵庫県・かりん)

MONSOON
M&S
GAP

1日中いても
いいくらいよ

まとめ買いの強い味方

ウエストフィールド・ロンドン
Westfield London

Map 別冊P.6-A2　シェパーズ・ブッシュ

♠Ariel Way, W12 7GF ☎020.3371 2300 ●月〜土 10:00〜21:00　日12:00〜18:00　●一部の祝　営業日時は店により多少異なる　**Card**店により異なる　●Wood Lane または Shepherd's Bush より徒歩1分　**URL**uk. westfield.com/london

ウエストフィールド

ちょっとだけだけど ブランドリスト

☆は今注目の ブランド

◎UKブランド
- ★モンスーン Monsoon
- ★アプリコット Apricot
- ★リース Reiss
- ★ウィッスルズ Whistles
- ★オールセインツ Allsaints
- ★リプシー Lipsy
- ホッブス Hobbs
- ホース&カーチス Hawes & Curtis
- LK ベネット L.K.Bennett

◎高級ブランド
- バーバリー Burberry
- グッチ Gucci
- ルイ・ヴィトン Louis Vuitton
- プラダ Prada
- コーチ Coach

◎かばん・靴・ジュエリーなど
- ★ドクター・マーチン Dr. Martens
- ★デューン・ロンドン Dune London
- オフィス Office
- ☆ジミー・チュー Jimmy Choo
- マルベリー Mulberry
- アクセサライズ Accessorize

◎コスメ
- ペンハリゴンズ Penhaligon's
- ラッシュ Lush
- キールズ Kiehl's
- ボディ・ショップ The Body Shop
- ブーツ Boots
- ビューティ・ベース Beauty Base

◎食料品
- マークス&スペンサー M&S
- ウエイトローズ Waitrose

コスメ系のセレクトショップ

ビューティ・ベース 1
Beauty Base

メイク、スキンケア、フレグランス、バス&ボディケアなど、メンズも含めたメジャーブランドが揃う専門店。高級ブランドばかりでなく、石鹸など、ちょっとしたおみやげも見つかる。

1.ハンドクリーム£9.99　2,3.バラのフレグランス£4.99とハンドクリーム£3.99　4.かわいい石鹸£3.50　5.泡が出る入浴剤£3〜

Level 0（地上階）
☎020.8743 7168
CardA.M.V.　**URL**www.
beautybase.com

Food

バラエティで勝負！

バルコニー
The Balcony

レベル1中央のフードコート、バルコニーには、フォーやタコス、ピザなど、いくつかの店が集まっていて、セルフサービスで買う形式。

本場の味だよ
アミーゴス！

形は
何種類か
あるよ

1.メキシコ料理、タコスサラダ
2.豆の煮込みとライス

ウエストフィールド・ロンドンには、キッザニアもある。

ナチュラル派？プチプラ派？英国製コスメが

わあ〜
これは楽しみ

アロマセラピー、ハーブ、オーガニックなど、イギリスらしい

Wild Rose
BEAUTY BALM

We want to help you discover the ... mean...

すごい！
たくさん
あるね☆

1. ワイルドローズ配合のバーム状の美容液　2. エイジングケアのためのフェイシャルクリーム　3. セットでパッケージしてあるもの　4. ベーシックなホメオパシー用のキット
5. 新製品を使った無料セラピーがあることも

新製品のお試しもできる本店

ニールズ・ヤード・レメディーズ
Neal's Yard Remedies

天然素材だけで作られた品がずらっと並ぶ、いい香りの店内。ここ本店では、ホメオパシー、薬用ハーブやオリジナルオイルの調合なども。効用別オイルセットも便利。

NEAL'S YARD REMEDIES

Come in and try
our new
Wild Rose
Beauty Elixir
for
Instant Radiance

無料
セラピー☆

Map 別冊P.17-C1　コヴェント・ガーデン

🏠15 Neal's Yard, WC2H 9DP　☎020.7379 7222
🕐月〜土10:00〜17:00　日11:00〜18:00　一部の祝　Card A.M.V.　🚇Covent Gardenより徒歩5分
URL www.nealsyardremedies.com

ニールズ・ヤードの歴史

中庭のようなニールズ・ヤード周辺にヒッピーな店が集まったのは70年代のこと。健康食品店を開いた人が自然派レメディの店も造り、今のようにカラフルな名所になった。

気になるアンチエイジングブランド

エレミス

たくさんの商品がビューティ賞やアンチエイジング賞などを受賞した、実力派の基礎化粧品ブランド、エレミスElemis。女優やモデルにも愛用者が多い。厳選された自然素材を使っていることも信頼の理由。

エレミス（スパとショップ）
The House of Elemis

Map 別冊P.16-A2

メイフェア

🏠2 Lancashire Court, W1S 1EX　☎020.7499 4995
🕐月〜金10:30〜21:00　土9:00〜19:30　日10:00〜18:00　一部の祝　Card A.M.V.　🚇Bond St.より徒歩5分
URL www.elemis.com

人気 Best2

プロコラーゲン・ローズ・フェイシャルオイル

イングリッシュローズを配合したフェイシャルオイル。小じわを滑らかに整えてくれる。£69

人気 Best1

プロコラーゲン・スーパーセラム

肌の乾燥やハリなどのエイジングサインを集中的にケアする美容液。カメリナオイルやヒアルロン酸が水分を保持してくれる。£58

人気 Best3

プロコラーゲン・マリンクリーム

臨床的に証明された保湿効果で、ハリとツヤのある肌に導いてくれる受賞歴のあるクリーム。£94

ニールズ・ヤードへの入口はとても狭い通路なので見逃さないで。（秋田県・はるみ）

いっぱいのビューティセレクトショップ

コスメを扱うショップをのぞいてみよう！

英国製コスメがいっぱいのビューティセレクトショップ

オリジナルコスメ

オーガニック・ファーマシー
The Organic Pharmacy

オーガニック原料にこだわったオリジナルのコスメが並ぶ。美容サロンを利用する人も多いのだそう。ここのコスメはナチュラル系のわりにカラフル。

Map 別冊P.6-A3 ケンジントン

🏠 169 Kensington High St., W8 6SH
☎ 020.7376 9200　🕐 月〜土10:00〜19:00
🕐 12:00〜18:00　🚫 一部の祝　**Card** A.M.V.
🚇 High Street
Kensingtonより徒
歩5分　🌐 www.
theorganic
pharmacy.com

どんなコスメがあるのかしら

1. 軽くて使いやすいベストセラーのフェイスクリーム£44.95　2. 清潔感あふれる店内にカラフルな商品も　3. 小じわやしわを滑らかにして持ち上げてくれるというローズ・ダイヤモンド・コレクション£395　4. 自然のエキスがたっぷり入ったボディオイル　5. ヒアルロン酸を含むオーガニックのセラム£35　6. 大きな花が活けてあって、優雅な雰囲気に

安さも品揃えもグー！

スーパードラッグ
Superdrug

イギリスの若い女の子たちからの圧倒的な人気を誇る。他のドラッグストアと比べてもかなり低価格な自社ブランドは、コスメやフレグランスなど種類豊富。

Map 別冊P.15-D2 ウエストエンド

🏠 508-520 Oxford St., W1C 1NB ほかにも支店あり
☎ 020.7629 1649　🕐 月〜金8:00〜23:00（月
9:00〜）🚫 日、一部の祝　**Card** A.M.V.　🚇 Marble
Archより徒歩5分　🌐 www.superdrug.com

バブルバス用

1. パンダリップバウム£3.99　2. ナマケモノのアイマスク£3.99　3. カーメックスのチェリーリップバウム£3.49　4. サンデーレインのローズバブルバス£4

どこにでもあって便利な

ブーツ
Boots

乾燥に効く！

イギリスでいちばん親しまれているドラッグストア。ロンドン市内のあちこちに見られる。有名ブランドから、自社ブランドのプチプラアイテムまで幅広い品揃え。

Map 別冊P.15-D1 ウエストエンド

🏠 361 Oxford St., W1C 2JL ほかにも支店多数
あり　☎ 020.7491 2697　🕐 月〜土8:30〜
22:00　🕐 12:00〜18:00　🚫 一部の祝
Card A.M.V.　🚇 Bond St.より徒歩1分
🌐 www.boots.com

1. ソープ＆グローリーのハンドクリーム£6.95 ミニは£2.99　2,3. ブーツの人気ブランドNo7のナイトクリーム£24.95〜とセラム£32.95〜　4. リンメルのロンドンバス仕様のネイルキット£14.95　5. テッドベーカーのミニボディケアセット£3.75

自分らしい香りが選べる
フレグランスショップ

生活のさまざまなシーンで香りをエンジョイしている
イギリス人たち。そんなイギリスのフレグランスショップをご紹介。

あなただけの香りを！

1. 13種類ある香りのベストセラーたち
2. 試してみて

ロンドンにしかないショップ！

おしゃれの仕上げだ！

6. どれもジョー・ラブズだけのオリジナル　7. 小さいお店だがときどき入場制限するくらい混む

3. 人気の香り「ポメロ」のキャンドル　4. マローンさんが選んだ香水3点セット　5. オリジナルのディスプレーとジェルブラシ

リアルな使用感が無料体験できる

自分に合う香りがわかる！フレグランス・タパス

カウンターに座るとメニューのような紙が。香水の温度や付ける環境で香りが変わる体験だそうだけどいったい何が始まるのかな？

お湯と香水を混ぜてふたを。開けたときに立ち上る香りのスチームにうっとり

ひゃっとするの！

クレンジングオイルを氷とシェークしてグラスに注ぎ、香水をシュッ！

最後はローションをポンプでムース状に泡立て、筆で肌に。体温で匂いが変わる！自分だけの香りの変化がわかった感じ

Jo Loves ジョー・ラブズ

数年前に香水ブランド「ジョー・マローン」を大手化粧品メーカーに売り、休養を取っていたマローンさんの新しいお店！ここでしか手に入らない魔法の香りを求めて来る人でにぎわっている。

Map 別冊P.22-A2 ベルグラヴィア

🏠42 Elizabeth St., SW1W 9NZ
☎020. 7730 6091　🕐月〜土10:
00〜18:00　日12:00〜17:00　イベント日やクリスマス前〜年末は不定期
—部の祝　Card A.M.V.
🚇Victoria / Sloane Sqより徒歩10
分　URL www.joloves.com

紅白のカラーリングがかわいいギフト用の箱に、選んだ品を詰めてもらえる

手作り
フレグランス

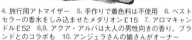

1,2.さまざまな香りがある　3.アンジェラさんが娘のために作ったプレシャス・ワン

Angela Flanders Perfumery アンジェラ・フランダース

30年以上、コロンビア・ロード・フラワー・マーケットの日にだけ自作の香水を売るお店を開けていた調香師のアンジェラさん。もともとホームアロマ専門家としてポプリ、キャンドルなどを作っていたが、今では35種類もの個性的な香水が揃うように。ここスピタルフィールズそばにショップができて、平日も買えるようになった。

Map 別冊P.13-C3　ショーディッチ

🏠 4 Artillery passage, E1 7LJ　☎020.7247
7040　🕐 火〜土11:00〜18:30　休月・日、
12/25〜1/1、不定休もあり　**Card** A.M.V.
🚇 ⊖Liverpool St.より徒歩5分
URL www.angelaflanders-perfumer.com

いろんな香りを試してね

4. 旅行用アトマイザー　5. 手作りで着色料は不使用　6. ベストセラーの香水をしみ込ませたメダリオン£15　7. アロマキャンドル£52　8,9. アクア・アルバは大人の男性向きの香り。ブランドとのコラボも　10. アンジェラさんの娘さんがオーナー

ハリポタロケ地も！

アンジェラ・フランダースがある路地は、知る人ぞ知るハリポタの映画ロケ地のひとつ。ダイアゴン横町の脇道を入った「ノックターン横町」の撮影に使われたのだそう。

自然な香りに癒やされる

Jo Malone ジョー・マローン

ふたつの香りを組み合わせて自分らしい香りを作り出す、というコンセプトで1994年に創業。ナチュラルな香りは日本でもファンが多い。

Map 別冊P.17-C2　コヴェント・ガーデン

🏠 11A King St., WC2E 8HN　☎0370.192
5771　🕐 月〜土10:00〜20:00　日11:00〜
17:00　休一部の祝、クリスマス前後
Card A.M.V.　🚇 ⊖Covent Gardenより徒歩3分　**URL** www.jomalone.co.uk

1. 落ち着いた店内　2. ナチュラルな香りのコロン£55〜とボディクリーム　3. 花の香りのキャンドルも　4. ズラリと並んだテイスティング用の瓶

定番モチーフこそかわいい！
ザ・イギリスなおみやげはどこで買う？

定番モチーフこそかわいい！ザ・イギリスなおみやげはどこで買う？ イギリスらしさあふれるグッズはキュートだったりクールだったり

赤いバスや衛兵ベアなど、イギリスらしさあふれる
選ぶのも楽しい。購入場所をチェックして、忘れられないロンドンみやげをゲットして！

見どころの ショップで

王室関連やミュージアムなど、鉄板の見どころには、ザ・イギリスなグッズを扱うショップもある。入場しなくても買えるので通りがかりに立ち寄るのもOK！

① ウェストミンスター寺院→P.69

② ロンドン塔→P.69

③ V&A博物館→P.74

④ 交通博物館→P.159

チョコチップ、レモン、オーツ&ハニーのざっくりおいしいビスケット3種。各£4.50 **③**

V&Aのロゴと千鳥模様がおしゃれなトートバッグ£5 **③**

ロンドン中心部のイラストストラップが描かれたバッグ£18 **②**

ロンドンのアイコンが詰まったバッグ£14.99 **②**

モノクロで手描きの味のあるイラストバッグ£14.95 **①**

バスや地下鉄などの座席に使われている、しっかりとしたファブリックを使用したグッズ。トートバッグ£60、ラップトップケース£45、クッションカバー£60

小さくてキュートな衛兵のクマ£11.95 **①**

お揃いの柄があるポーチとティータオル2種。£10～18

交通局のアイコンがロンドンらしいマグ£12 **④**

女王のプラチナジュビリー記念カップ£18 **②**

ロンドン名所のイラスト入りマグ£13

V&A博物館のショップは、ジュエリーもあり、おしゃれなセレクトショップのようでした。（神奈川県・ミモザ）

SOUVENIR SHOP

町なかの
みやげ物屋で

多くの人が訪れる見どころ周辺にはおみやげ専門の店がある。このほか、大きなショッピングストリートやマーケットなどにも、おみやげを売る小さな屋台を見かける。

繁華街オックスフォード・ストリートで営業中のおみやげ屋台

ロンドンの中心、ピカデリー・サーカスのおみやげショップ

大英博物館周辺にいくつもあるおみやげ店のひとつ

ユニオンフラッグと電話ボックスのキーホルダー各£4

ソーラーパワーで女王様が手を振ってくれる人形£25、同様に頭を前後に動かすコーギー犬£23.50

ザ・イギリスなおみやげはどこで買う？

これぞロンドン！なトレーナー£39.99

地下鉄マーク入りTシャツ£19

ロンドンバスのマグネット£5、地下鉄マークのマグネット£1.99

ロンドンバスの紅茶缶£10.99、赤い電話ボックスの紅茶缶も

2階建てバスのキーリング£6

小ぶりな紅茶缶3点セット£10.99

イラストがかわいいマグネット£4.49

ビーフィーターと呼ばれる衛兵のクマ£13.99

AIRPORT SHOP

空港で

空港にもイギリスブランドのショップや小物、お菓子を買うことができるショップあり（写真はターミナル3）。

1. フォートナム＆メイソンの紅茶も買える
2. 雑誌や雑貨小物からちょっとしたお菓子やおみやげまで揃う便利なWHスミス

町なかのみやげ物屋には、マグネットやキーリングといった小物も多いが、店によって微妙に商品や価格が違う。

「私のリアル買いアイテムはコレ！」

取材スタッフがロンドン滞在中にリアルに購入したおみやげのなかから、
特に気に入っているアイテムを紹介！ おみやげ選びの参考に。

王室グッズは格調高し！

ウィンザー城にあるセント・ジョージ礼拝堂で女王様にお参りしてから、最後に城内のショップへ。高貴な紋章の缶紅茶や女王のジュビリーのビスケットを記念に購入しました。（カメラマンE）

ウィンザー城 → P.53

→ 女王お気に入り
コーギー犬のイラスト

最強のバラマキ みやげを見つけた！

だいたいのスーパーに売っている、マクビティのチョコビスケット「ペンギン」。イラストがカワイイのです。個装だから配れるし、絵柄もいろいろあって楽しい！（編集H）

だって紅茶の国だもの

おいしいよ！

今回もたくさん買っちゃいました。ティーショップはもちろん、スーパーにもいろいろな種類が置かれている紅茶。やっぱり需要が多いんだな〜と実感。もちろんお値段もお買い得ですよ！（編集H）

トワイニング → P.135
ウエイトローズ → P.144

ダークキャラメルだよ

おいしいビスケットの 定番はコレ！

箱の絵柄もいい感じ！

ショートブレッドはバターが効いていて、サックリおいしい！ M&Sで買ったこちらは、スコットランドのエディンバラで焼かれた本格派。シーズンごとに箱の柄が変わっていくのも楽しみ。（ライターY）

マークス&スペンサー → P.145

ついつい買っちゃう布製バッグ

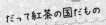

V&A博物館 → P.74

ドゥント・ブックス → P.138

取材で行く店に、よく置いてあるのが、かわいい布バッグ。「いや、この前買ったし」と思っても、イラストがかわいかったり、クールなロゴだったりして、ついゲットしちゃうんだよなぁ。（ライターH）

ポートベロー・マーケット → P.44

これね、けっこう いいと思うのよ

海外のものは匂いがキツかったり、日本人の肌質に合わないのでは？と思って避けがちだったけれど、No7シリーズはけっこういける。美容液とクリームのセット（写真）などもあるよ。（ライターA）

ブーツ → P.151

どんなロンドンに
会えるかな？

てくてく歩いて
パワーをもらう
エリア別おさんぽプラン

定番も穴場も、伝統もモダンも、み〜んな吸収しちゃう
ロンドンって、不思議なパワーがある街。
ドンドンお散歩してみましょ♪
きっといろんなロンドンが見つかるよ！

W

L

K

ABBEY
ROAD NW8
CITY OF WESTMINSTER

157

まずはロンドンの中心
元気なウエストエンドで
エネルギーチャージ！

絶対に見逃せないギャラリーやマーケット、
最先端のショップに劇場街など。とにかく、ここに行かなきゃ、
ロンドン巡りは始まらない！

TOTAL 6時間

ウエストエンド
おさんぽ

TIME TABLE

13:00 トラファルガー広場
↓ 徒歩1分
13:15 ナショナル・ギャラリー＆ナショナル・ポートレート・ギャラリー
（カフェで休憩）
↓ 徒歩10分
16:00 コヴェント・ガーデン・マーケット
↓ 徒歩5分
17:15 スタンフォーズ
↓ 徒歩5分
18:15 ル・パン・コティディアン

1 ココがヘソです 13:00
トラファルガー広場
Trafalgar Square

ロンドンのヘソともいうべき広場。トラファルガーの海戦での勝利を記念して建てられたネルソン提督の像が目印。中心であることを表すプレートもある。

ネルソン提督の像がのっかってる

Map 別冊P.16-B2

◎◆Charing Crossより徒歩3分

いつも人でいっぱい。有名なライオン像もいるよ

2 やっぱり観ておきたい！
ナショナル・ギャラリー＆ 13:15 →P.77
ナショナル・ポートレート・ギャラリー

西洋絵画を集めた大規模なもので、ゴッホ、ピカソ、モネなど、有名絵画が勢揃い。肖像画や彫刻、写真だけを集めたお隣の美術館も小規模ながらオモシロイ。

ナショナル・ギャラリー
The National Gallery

Map 別冊P.16-B2

🏛Trafalgar Sq., WC2N 5DN
☎020.7747 2885 ●10:00～18:00（金～21:00）●1/1、12/24～26 ●無料（特別展は有料）2023年3月現在、2024年5月の200周年に向け改装中。閉鎖している部屋もある。
◎Charing Crossより徒歩3分
URL www.nationalgallery.org.uk

点描画で有名なスーラの作品

1.ギャラリー前の広場の噴水は、夏場になると水浴びをする人も出てきてにぎやか　2.スーラ「アニエールの水浴」　3.ディエゴ・ヴェラスケス「ヴィーナスの化粧」

ナショナル・ポートレート・ギャラリー
National Portrait Gallery

Map 別冊P.17-C2

🏛St. Martin's Pl., WC2H 0HE ☎020.7306 0055
●10:30～18:00（金・土～21:00）●12/24～26 ●無料（展示により有料）◎Charing Crossより徒歩3分　入口はトラファルガー広場からナショナル・ギャラリーに向かって右側奥
URL www.npg.org.uk ※2023年3月現在、閉館中。2023年6月22日再開予定。開館日など詳細は要確認。

現在活躍中の人の肖像もあるよ

ここが中心だよ！

Leicester Square

中華街

レスター・スクエア

Piccadilly Circus

🏛エロスの像

ロンドンのシンボル！

2 3

トラファルガー広場

ネルソン記念柱

3 なかなかGood!
ギャラリー内の 14:30
カフェ＆レストラン

ナショナル・ギャラリーには、アフタヌーンティーも楽しめるモダン・ブリティッシュのレストラン「オーカー」のほか、セルフサービスのレストラン＆カフェ「ミュリエルズ」もある。ちょっと休憩に立ち寄ってみては？

ピカデリー・サーカス
ハイド・パーク
ロンドン塔

Map 別冊P.16-B2〜17-C2

いろんな乗り物が
勢揃い
楽しいよ！

乗り物好きなら行ってみて。かっこいいデザインのロンドン交通局グッズはおみやげにも

ロイヤル・
オペラハウス

london
transport
museum

5
**Covent
Garden**

4 6

ロンドン
交通博物館

ストランド

夜遅くまで
開いてる
店も多い

チャリング・
クロス駅

騎馬警官が
街の治安を
守ってるよ

何でもあり！
16:00
4 コヴェント・ガーデン・マーケット
The Market

雨の日でもOKで、毎日楽しめるのがウレシイ。大道芸人もいて、とにかくにぎやか。おしゃれなショップやレストランも集まってるから便利。

Map 別冊P.17-C2

🏠The Market, Bldg., WC2E 8RF
🕐10:00〜18:00（店により異なる）
🚇⊖Covent Gardenより徒歩5分

あれいいんじゃない？

1.小さな屋台で見つけた手作りブローチ　2.いろんな出店があって楽しい。すぐお隣のジュビリー・マーケットものぞいてみよう　3.品定めは慎重に

ウエストエンド

おみやげも買える
17:15
5 スタンフォーズ
Stanfords

地図や地図に関する本、ガイドブックなどを扱う老舗。地球儀形のライトやマップのイラストが付いたグッズなど、おみやげによさそうな品も置いてある。

Map 別冊P.17-C2

🏠7 Mercer Walk, WC2H 9FA
☎020.7836 1321　🕐月〜金9:00〜18:00（木・金〜19:00）土10:00〜19:00　日12:00〜18:00　休一部の祝
Card A.M.V.　🚇⊖Covent Gardenより徒歩2分

1. 地図やガイドがたくさん並ぶ
2. 小路を入った所にある

軽めのメニューもある
18:15
6 ル・パン・コティディアン
Le Pain Quotidien

※2024年2月現在、閉店

焼きたてパンもおいしいレストラン。オープンサンドなど軽めのメニューもある。ミュージカルのチケットを買ってから、早めの食事を楽しんで劇場街へ出かけよう！

Map 別冊P.17-C2

🏠48-49 The Market, Covent Garden, WC2E 8RF　☎020.3657 6928
🕐9:00〜20:00（金〜21:00、土〜22:00）
休一部の祝　**Card** A.M.V.
🍴ランチ£17〜　ディナー£27〜　※ディナーのみ可　🚇⊖Covent Gardenより徒歩5分

1.ナチュラルな感じの内装
2.メインのローストサーモンのソース添え
3.チコリの前菜

前菜もいける！

オーカー
Ochre

Map 別冊P.17-C2

☎020.7747 2525　🕐12:00〜17:00（水〜土22:00）
休一部の祝　**Card** A.M.V.

ミュリエルズ
Muriel's

Map 別冊P.17-C2

☎07903.511189
🕐11:00〜17:45（金〜20:45）
休一部の祝　**Card** A.M.V.

最高の眺望を楽しめる！
アートなテムズ南岸は
歩きたいエリアNo.1

2000年くらいから、新しいロンドンの象徴が次々に
生まれたテムズ沿い。歴史と伝統のロンドンと新しいロンドン。
これからどんなふうに変わっていくのかな？と考えながら歩くのも楽しい。

SILVER JUBILEE WALKWAY 1977

TOTAL 6時間

テムズ南岸
おさんぽ

TIME TABLE

10:30 テート・モダン
↓ 徒歩5分
12:00 スワン
↓ 徒歩15分
13:00 ヘイズ・ギャレリア
↓ 徒歩10分
14:00 バトラーズ・ワーフ
↓ 徒歩20分
15:30 ジョージ・イン

2000年に開館。もとは火力発電所だったんだよ

まずはここでアート三昧 →P.77

1 テート・モダン 10:30
Tate Modern

20世紀以降の現代美術にテーマを
絞った美術館で、それらしい建物も
魅力的。シュールレアリスムの絵画
からビデオアートまで幅広い。

眺めのいいカフェもおすすめ →P.79

Map 別冊P.18-A2

🏠Bankside, SE1 9TG ☎020.7887 8888
🕙10:00～18:00　最終入場は閉館30分前
休12/24～26
料無料　特別・企画展示は有料
🚇Southwarkより徒歩10分
URLwww.tate.org.uk

1.旧発電所を斬新
なイメージでリ
メーク　2.開放的
な吹き抜けのホー
ルにアート作品
があることも

St. Paul's
セント・ポール大聖堂

Blackfriars
ブラックフライヤーズ駅

テムズ河を眺めながら

2 スワン Swan 12:00

窓からはセント・ポール大聖堂も望める

テムズ河を挟んで正面にセント・ポール大聖堂がそ
びえる。シェイクスピア・グローブ劇場に併設する
眺めのよいレストラン。2階のバーでも軽い食事が
できる。ランチセットと日曜のローストがお値打ち。

Map 別冊P.18-B2

🏠21 New Globe Walk, SE1
9DT ☎020.7928 9444　🍴レストラン：月～土12:00
～14:45、17:00～L.O.20:45　日11:30～16:00
バー：月～土10:30～24:00（日～23:00）　休1/1、
12/26・27 料ランチ£40～　ディナー£55～
Card A.D.M.V.　服装まじい　🚇London Bridgeより徒
歩8分 URL swanlondon.co.uk

テート・モダン

シェイクスピア
グローブ座
→P.48

歩行者専用の
ミレニアム・ブ
リッジも渡れる

Southwark

大きな船が来ると橋が上がる

1.鶏肉のロースト、キャベツ、サ
ツマイモのピュレ　2.今日の魚の
グリル、カブ、リーク、ショウ
ガバター　3.今日のデザートの
ブレッド＆バタープディング
4.劇場ともつながるレストラン

3 憩いの広場 13:00
ヘイズ・ギャレリア
Hay's Galleria

Map 別冊P.19-C3
🏠 1 Battle Bridge Lane, SE1 2HD
🚇 Southwarkより徒歩5分

南岸沿いの散策道に面したモール。ヴィクトリア調のガラスのアーチ天井の下には、記念オブジェのほか、小さな出店も並んでいる。広場を取り囲む建物内にはカフェ、レストラン、ショップなどが入り、ちょっとした休憩にも利用しやすい。

1.17世紀にはヘイズ・ワーフと呼ばれる建物があり、茶葉の貯蔵庫としても使われていた　2.かわいい屋台の出店も

Map 別冊P.18〜19

抜群のビューポイント！

4 レストランやカフェもある 14:00
バトラーズ・ワーフ
Butler's Wharf

テムズ沿いに眠っていた倉庫を改装して、レストランや住居が造られた再開発地区。テムズに面したイギリス料理やシーフード料理の店で食事をするのもいい。

Map 別冊P.19-D3
🚇 Tower Hill／London Bridgeより徒歩10分

1.テムズ沿いはレストランのテラスも　2.河岸より1本入った道がカッコイイ

テムズ南岸

愛称は「ガーキン」（キュウリの酢漬け）

ガーキン

歩くのもいいわね

Bank

Cannon Street

キャノン・ストリート駅

Monument

Tower Hill

タワー・ヒル

ロンドン塔

テムズ河

ロンドン橋

サザーク大聖堂

London Bridge

バラ・マーケット

ロンドン・ブリッジ駅

⑤ →P.99

シャード →P.78

HMSベルファスト号

軍艦の中を見学すると、意外とおもしろいんだよ

③

④

バトラーズ・ワーフ

5 よく歩いたあとのビールはウマイ！ 15:30
ジョージ・イン
George Inn

テムズ散策に疲れたら、イギリスの文豪チャールズ・ディケンズの作品にも登場する由緒あるパブでひと息。ナショナル・トラストで管理されている歴史的遺産なんだって。

Map 別冊P.18-B3
🏠 75-77 Borough High St., SE1 1NH
📞 020.7407 2056　🕐 月〜土11:00〜23:00（木〜土〜24:00）食事：月〜土11:00〜22:00　日12:00〜21:00　休祝
Card A.M.V.　💷 £25〜　👔 ディナーは望ましい
🚇 London Bridgeより徒歩5分

1.テラス席から歴史ある外観を眺めながら一杯　2.イギリス定番のフィッシュ&チップス

一度は食べてみておいしいよ！

次々と再開発されるテムズ南岸
このエリアには使われていない倉庫が多かったが、1900年代後半から、バトラーズ・ワーフを中心にテムズ南岸エリアの再開発が始まった。

超高層ビルシャードとサザーク大聖堂

テムズ南岸からはシティに次々とできる高層ビル群の眺めが抜群！

週末マーケット？ 雑貨屋巡り？
ますます人気の
"イーストエンド"探検

「ロンドンで話題のエリアはドコ？」って聞かれたら、イーストエンドは外せません！
マーケット、ビンテージ、雑貨好きには天国みたいなエリアだよ。

TOTAL 6時間

イーストエンド
おさんぽ

TIME TABLE

[10:00] オールド・スピタルフィールズ・マーケット
↓ 徒歩5分
[11:30] アップ・マーケット
↓ 徒歩10分
[13:00] ベーグル・ベイク・ブリック・レーン・ベーカリー
↓ 徒歩10分
[14:00] ルナ＆キュリアス
↓ 徒歩5分
[15:00] SCPイースト

1 洗練された逸品も揃う 10:00
オールド・スピタルフィールズ・マーケット Old Spitalfields Market

かつては野菜市場だったという場所が近代的なビルと合体して、今ではレストランありショップありの便利なマーケットに。第1・第2金曜はレトロなレコードのマーケットも出る。週末だけでなく、平日もやっているのがウレシイ。ビンテージやアンティーク目当てなら木曜に。

Map 別冊P.13-D3

🏠 16 Horner Sq., E1 6EW
🕐 月～水・金10:00～20:00
木8:00～18:00 土・日10:00
～18:00（日～17:00）ビンテージとアンティークは木曜に多い
🚇 ⊖Liverpool St.より徒歩5分
URL oldspitalfieldsmarket.com

1. 花柄ワンピは£25～で見つけたよ 2. アツアツでパリパリした食感が楽しめる、サモサ・チャート

2 週末に大人気の 11:30
アップマーケット Upmarket

ブリック・レーン沿いでは、得体の知れないガラクタが売られていて、それはそれでおもしろい。アップマーケットは作り手と売り手の距離が近い感じが楽しい。

Map 別冊P.13-D3

🏠 Ely's Yard, E1 6QL
🕐 土11:00～17:30
日10:00～18:00頃
🚇 ⊖Liverpool St.より徒歩10分 URL www.sundayupmarket.co.uk

1. ビンテージ・マーケットは大好評
2. 元ビール工場の中でもやってるよ
3. ここでしか売らないデザイナーの作品。60年代っぽいドレスは新品

スペシャルサンドだよ

ハーブの苗などもあり、まとめ買いするとお得に

早起きして花の市へ

平日はなんでもない通りで、サッサと歩いたら5分ほどで終わってしまいそうだけど、日曜はまったく別。たくさんの人が訪れて大混雑。通り沿いのガーデニング用品ショップなども週末だけ開けるところが多いから要チェック！

コロンビア・ロード・フラワー・マーケット
Columbia Road Flower Market

Map 別冊P.13-D2

🏠 Columbia Rd., E2 7RG
🕐 日8:00～15:00頃（店によって異なる）
🚇 地上線Hoxtonより徒歩10分。バスなら26・55番でHackney Rd./Columbia Rd.下車、または8番でBarnet Grove下車、徒歩10分。
URL www.columbiaroad.info

📨 朝の花の市は大にぎわい。スリも多いので気を付けて。（東京都・マミ）

マスタード付ける?どうする?

Map 別冊P.13

ピカデリー・サーカス
ハイド・パーク
ロンドン塔

3 13:00

下町の元気な老舗

ベーグル・ベイク・ブリック・レーン・ベーカリー

Beigel Bake Brick Lane Bakery

ソルトビーフを挟んだベーグルはユダヤの味

わあ〜おいしそう

下町の老舗ベーグル屋さん。ウィリアム皇太子とキャサリン妃も訪れたのだそう。物価高騰で値上がりしてしまったけれど、この量と質ならロンドンではお得感あり。ヤミつきになりそう。

Map 別冊P.13-D2

⌂159 Brick Lane, E1 6SB
☎020.7729 0616 ◷24時間
休無休 料ソフトビーフ・ベーグル£5.70〜 Card不可 ☒Shoreditch High St.（地上線）より徒歩3分

コロンビア・ロード・フラワー・マーケット

イーストエンド

コロンビア・ロード

Hoxton

4 14:00

アートな小物がいっぱい

ルナ＆キュリアス

Luna & Curious

ブリティッシュ・デザインと職人技をアピールできる店をと、セラミックとジュエリーのデザイナーがたち上げた。アートなアクセや服、絵はがきなど、ここでしか手に入らない品も多い。

1.膝に目の付いたタイツ 2.レトロな玩具 3.ドレスもある

Old St.

オールド・ストリート

Map 別冊P.13-C2

⌂24-26 Calvert Av., E2 7JP ☎020.3222 0034
◷11:00〜18:00（日〜17:00）
休祝 CardA.M.V.
☒Shoreditch High St.（地上線）より徒歩5分
URLlunaandcurious.com

行きたいとこいっぱいあるワン

Shoreditch High St.

BOXPARK

ベスナル・グリーン・ロード

BRICK LANE E.1.

5 15:00

かわいいデザインに夢中

SCPイースト

SCP East

イーストエンドがトレンディになる前からあった、気軽に入れる店。地元デザイナーの個性的な作品や、SCPオリジナルのインテリア用品と小物が置かれている。Pimlico Rd.にも支店あり。

Map 別冊P.13-C2

⌂135-139 Curtain Rd., EC2A 3BX
☎020.7739 1869
◷火〜土9:30〜18:00
休日・月・祝 CardA.M.V.
☒Shoreditch High St.（地上線）より徒歩8分
URLwww.scp.co.uk

Liverpool St.

好みのもの見つけてネ

1.動物シリーズの食器 2.鮮やかなラグ

ロンドンの東の端に広がるイーストエンドは、デザイナーやアーティストが移り住むようになって、一気に脚光を浴びるようになった。

のんびり運河巡りしたあとは
雑貨を探しにカムデン・ロックと
プリムローズ・ヒルへ

イギリスには、今でも運河がいたるところに走っている。
カムデンのマーケットが開かれる週末、船旅を楽しんだら、
おしゃれなプリムローズ・ヒルにも出かけてみたい。

TOTAL
6時間

カムデン・ロック
周辺おさんぽ

TIME TABLE

10:30 運河巡り
↓ ボート45分
11:30 カムデンのマーケット
↓ 徒歩15分
13:00 メアリーズ・リビング＆
ギビング・ショップ
↓ 徒歩5分
14:00 プリムローズ・
ベーカリー
↓ 徒歩10分
15:00 ロンドン動物園

1 緑のなかを出発！
運河巡り　10:30
Canal Cruise

起点となるリトル・ヴェニスからリージェンツ運河を北上して、カムデン・ロックまでの船旅。途中ロンドン動物園のあるリージェンツ・パークの北を抜け、緑のなかを走る。特に土・日曜はカムデン・ロックのマーケットがにぎやか。船でマーケットへ行くのもいいし、逆方向のルートでリトル・ヴェニスで降りてパディントン再開発地域を歩くのも楽しい。

Map 別冊P.8-A3

Walker's Quay
☎020.7485 4433 ⏰カムデン・ロック発　毎日12：30、14：30（土・日・祝は16：30も）£18.50　詳細は要確認　所要約1時間30分 URL www.walkersquay.com

London Waterbus Company
☎020.7482 2660 ⏰運航は時期により異なるので要確認　所要45分　£14.50
URL www.londonwaterbus.com

1.少しのんびりしたいときにおすすめ　2.天気のいい日は最高！　3.船は独特の形

キレ～

2 元気いっぱい！
カムデン・ロック・マーケット　11:30
Camden Lock Market

カムデンには、いくつもマーケットがあるが、カムデン・ロック、ステーブルズあたりがおすすめ。屋台も充実しているし、ギャラリーやカフェもあるからランチもここで。

Map 別冊P.24-B1

🏠Camden Lock Place, NW1
⏰10:00～18:00頃
平日も露店はオープンしているが土・日が多い
🚇Camden Townより徒歩10分

1.焼きそばなどメニューいろいろ、屋台ごはんにもチャレンジ　2.カムデンにあるロックと呼ばれる水門

ラブラブ

St. John's Wood

アビー・ロード・スタジオ

フットパス歩くのもいいかも～

カナル・フットパス

Warwick Avenue

リトル・ヴェニス

Edgw Roa

パディントン駅

アビー・ロード
ビートルズがアルバムジャケットの撮影をしたことで一躍有名になった通り。スタジオ前の横断歩道は、今も当時のまま。
Map 別冊P.8-B1

ABBEY ROAD NW8
CITY OF WESTMINSTER

Map 別冊P.8～9、24上

レア靴も～

3 イギリスらしいチャリティショップ
メアリーズ・リビング＆ギビング・ショップ 13:00
Mary's Living & Giving Shop

セカンドハンドといっても、中古のイメージとはまったく違うすてきなセレクトの品ばかり。Save the Children の活動をする店なので、利益は子供たちのために使われる。

1.掘り出し物を見つけて！ほとんどが一点物
2.キレイに包んでくれる

DATA→P.131

カムデン・ロック周辺

Chalk Farm

③
②ボート乗り場
Camden Town

④

プリムローズ・ヒル

リージェンツ運河

⑤

リージェンツ・パーク
→P.82

1. カラフルなカップケーキがいっぱい！
2. 斜め向かいには、デリの店メルローズ・アンド・モーガンもある

芸能人が住む高級住宅街

プリムローズ・ヒル周辺
閑静な住宅街で、リージェンツ・パーク・ロード沿いにお店が並んでいる。時間が許すなら、プリムローズ・ヒルに上ってみよう。抜群の眺め！

4 ラブリーなカップケーキなら 14:00
プリムローズ・ベーカリー
Primrose Bakery

カップケーキや紅茶を楽しむことができる、アットホームなお店。焼き菓子やクロワッサンとともに、イギリスの駄菓子やちょっとしたパーティグッズなどもある。

Map 別冊P.24-B1 プリムローズ・ヒル

🏠69 Gloucester Av., NW1 8LD
☎020.7483 4222 ⏰9:00～17:00 休1/1、12/25・26 CardA.M.V. 🚇●Chalk Farmより徒歩5分 URLwww.primrose-bakery.co.uk

パーク・ロード

Baker Street

マリルボン・ロード

リルボン駅
arylebone

Great Portland Street

Regent's Park

イングランドの花はバラ

5 世界で初めてできた
ロンドン動物園 15:00
London Zoo

ヘビがいる爬虫類館は、映画『ハリー・ポッター』の撮影が行われたことで有名。財政危機に陥った動物園を市民のカンパで救ったAnimal Adoptionsというサポートに参加するのもおもしろい。

Map 別冊P.9-D1/P.24-A1 リージェンツ・パーク

🏠Regent's Park, NW1 4RY ☎0344.225 1826 ⏰10:00～閉園は時期により16:00～18:00 最終入場は閉園1時間前 休一部の祝 料£27.73～35（時期により異なる。要事前購入）🚇●Camden Townより徒歩15分 URLwww.zsl.org/zsl-london-zoo

おいし～

bow! bow!

1.貴重な建築といわれる大鳥小屋 2.ヤギやペンギンなどのほか、チョウや魚などもいる

5月下旬から9月初旬まで、リージェンツ・パークでは屋外劇場がオープンする。

裏道&小道が楽しい！
穴場のサヴィル・ロウ界隈を
行ったり来たり

SAVILE ROW W1
CITY OF WESTMINSTER

老舗や王室御用達の店が並ぶ小道を
そぞろ歩きしながら、おいしそうなレストランや、
かわいいショップが並ぶ隠れ家のような細道へ。

TOTAL 3時間30分

サヴィル・ロウ界隈
おさんぽ
TIME TABLE

10:00	ジャーミン・ストリート
↓徒歩5分	
10:30	アーケード（プレスタット）
↓徒歩10分	
11:30	サヴィル・ロウ
↓徒歩10分	
11:45	グレイズ・アンティーク・センター
↓徒歩1分	
12:30	サウス・モルトン・ストリート&ブラウンズ
↓徒歩5分	
13:15	セント・クリストファーズ・プレイス

セント・クリストファーズ・プレイス入口だよ

チーズの老舗パクストン&ウィットフィールド

1 王室御用達の店が並ぶ　10:00
ジャーミン・ストリート
Jermyn Street

ピカデリーという大きな通りから一本入る
と、そこは英国紳士の領域。なかにはチーズ
の老舗や香水の老舗などもあるが、シャツや
ネクタイなど、男性用品の店が多い。

Map 別冊P.16-B2

◎◉Piccadilly Circus／Green Parkより徒歩5分

2 老舗の逸品もある
アーケード　10:30
Arcade

小さなお店が軒を連ねるアーケード
が4つ、このエリアに固まっている。
ガラス張りのショーケースがあり、
そこに並ぶ品々を眺めるウインドー
ショッピングも楽しい。

Map 別冊P.16-A2・B2

◎◉Piccadilly Circus／Green Parkより徒
歩5〜10分

天井の装飾なども見どころ
バーリントン・アーケード

4 英国紳士と出会う　11:30
サヴィル・ロウ
Savile Row

サヴィル・ロウという通りの名は、
日本語の「背広」の語源になったと
いわれている。ひっそりとした通り
には、今も一見さんではオーダーで
きないような高級テーラーが並ぶ。

Map 別冊P.16-A2

◎◉Piccadilly Circus
より徒歩5分

Hello.

3 老舗のチョコレートなら
プレスタット　10:45
Prestat

王室御用達のチョコレート屋さ
ん。アーモンドやオレンジなど
のほか、さまざまなフレーバー
のトリュフが詰め合わせになっ
たセットもある。

Map 別冊P.16-B2

🏠14 Princes Arcade, SW1Y 6DS
☎020.7494 3372　🕐月〜土10:00〜
17:00　日11:00〜16:30　🈺祝
CardA.M.V.　◎◉Piccadilly Circus
／Green Parkより徒歩5分
URLwww.prestat.com

1.イースターの頃ならイー
スターエッグのチョコが
かわいい　2.プリンス・
アーケードの中にある

歴史に残る屋上ライブが行われたアップル・ビルとは？

ビートルズが設立した会社アップル
があったビル。ここの屋上でゲリラ
的ライブが行われたときの映像は、
何度見ても印象的。事実上、これが
ビートルズ最後のライブとなった。

Map 別冊P.16-A2

別冊 **Map** P.16-A2

♪ プーン

Oxford Circus

オックスフォード・ストリート

5 アンティーク好きなら
グレイズ・アンティーク・センター 11:45
Grays Antique Centre

屋内のアンティーク・マーケットのなかでは、質のいい店が入っていることで定評がある。各フロアに小さなスペースの店がたくさんあり、どこから見るか迷ってしまうほど。ジュエリーなどの小物が多く、婚約指輪のコレクションでも有名。

Map 別冊 P.16-A2

🏠 58 Davies St., W1K 5LP ☎020.7629 7034 🕐 月〜金 10:00 〜
18:00 🈡 土・日・祝、グッドフライデイ、イースターマンデイ **Card** 店により異
なる 🚇 Bond St.より徒歩3分
🔗 www.graysantiques.com

1.いろいろなデザインや形のカフスボタン
2.ボンド・ストリートからすぐだから便利

サヴィル・ロウ界隈

6 おしゃれな抜け道
サウス・モルトン・ストリート 12:30
South Molton Street

歩行者専用の細い通りだけれど、両脇にはカフェやレストラン、ショップがズラリ。ラグジュアリーなショップをのぞいたり、途中にあるベンチでひと休みすることもできる。

Map 別冊 P.16-A1・2

🚇 Bond St.より徒歩3分

カフェもあるから、ひと息つくにもいい

7 セレクトショップの草分け
ブラウンズ 12:30
Browns

老舗のセレクトショップ。デザイナー物を一気に品定めできるのがウレシイ。靴やバッグのほか、サングラス、ベルト、ジュエリーなども揃っている。

Map 別冊 P.16-A2

🏠 39 Brook St., W1K 4JE ☎020.7514 0061 🕐 月〜土 10:00〜19:00（木・金〜20:00） 日12:00〜18:00 🈡 一部の祝 **Card** A.M.V. 🚇 Bond St.より徒歩5分

1.有名デザイナーの服が並ぶ
2.地下鉄ボンド・ストリートから近い便利な場所

🎵 楽しんでる？

旧アップルビル

Piccadilly Circus

🧸 今日のランチはどこにしましょうかね

王立芸術院

フォートナム&メイソン

Green Park

8 見つけて、うれしい！
セント・クリストファーズ・プレイス 13:15
St. Christopher's Place

オックスフォード・ストリートから人がひとり通れるくらいの狭い通りを抜けると、ここは別世界？と思うような、ショップやカフェが並ぶ空間になっている。人混みに疲れたら寄ってみて。

Map 別冊 P.15-D1

🚇 Bond St.より徒歩3分

レストランの並ぶ通り

セント・クリストファーズ・プレイスの1本西、St. Jame's Streetはレストラン街。イタリアンなど、おいしそうな店が軒を連ねる。

バーバリーなどの高級ブランド店が並ぶボンド・ストリート（ニュー・ボンド・ストリート）を通るのもいい。

タイプ別　快適ホテル案内

せっかくのロンドン、ちょっとだけ奮発してワンランク上のホテルに泊まってみよう。
お値段が気になるなら、シンプルB&Bで節約も。

ラウンジもモダンでありながらスタイリッシュすぎず、適度にあたたかみがあるシックなインテリア

モダンカジュアルでおしゃれに過ごす

ロックウェル
The Rockwell

アールズ・コート駅近くの便利なロケーション。全40室という小さめのホテルだが、さまざまな演出でもてなしてくれる。寝具やタオルの素材まで吟味されており、細かな気配りもウレシイ。

Map 別冊P.20-A2　アールズ・コート

🏠181-183 Cromwell Rd., SW5 0SF
📞020.7244 2000　🛏シングル£110〜　ダブル・ツイン£135〜（朝食別・税別）
Card A.M.V.　🚇➡Earl's Courtより徒歩5分
URL www.therockwell.com

おすすめポイント
ちょっとリッチな友達のお家に招かれたような、そんな気分で滞在できる居心地のよさが魅力のホテル。

ベランダで朝食を取ることができる部屋も。窓の外の緑がなんともすがすがしい

ちょっとしたカフェのような中庭もあるからゆったりと過ごせそう

インテリアの勉強になるね

🔑 どうする？ロンドンのホテル選び

旅行好きの間では、ロンドンのホテルは、高い、狭い、設備の不備が多いというので知られている。中心部にある高級ホテルだと、シングルで1泊3万円以上。小規模なB&Bクラスで、狭さなどを我慢したとしても、1泊1万5000円はする。ふたり1部屋ならまだいいけれど、ひとり旅では出費がかさむ。そこそこの設備で出費を抑えたいというのなら、地下鉄ゾーン2くらいまで離れると、だいぶ値段が下がる。また、ウェブサイトで早割料金を狙うのもいい。

大英博物館近くのホテル街

少し予算オーバーだわ〜

チェーンホテル、プレミア・インのベッドルーム→P.170

ロンドンでホテルが多いエリア
●大英博物館周辺
●パディントン＆マリルボン周辺
●ヴィクトリア駅周辺
●サウス・ケンジントン＆アールズ・コート駅周辺

✉ ロンドンのホテルはエレベーターが使えないところもあるので注意！（東京都・ゆうちゃん）

インテリアデザイナーのホテルなら

ナンバー・シックスティーン
Number Sixteen

ラグジュアリールームはクラシックな柄を使いつつモダンに

おすすめポイント
部屋ごとに違うインテリアがすてき。モダンな内装でお手本にできそう。

ソファのピンクが効き色。シックだけどかわいいドローイングルーム

Map 別冊P.20-B2 サウス・ケンジントン

インテリアデザイナー、キット・ケンプがオーナーというオシャレなホテル。庭の緑のなかでいただくアフタヌーンティーも。落ち着いたミュージアムエリア、サウス・ケンジントンという立地も魅力。

🏠16 Sumner Place, SW7 3EG
☎020.7589 5232 💴ダブル£360～
（朝食別・税別） Card A.M.V.
🚇➡South Kensingtonより徒歩3分
URL www.firmdalehotels.com

天井からの柔らかな光の演出も

吹き抜けで中2階になっているラウンジ。椅子がクール

吹き抜けで明るい！

デラックスツイン

クリエイティブ系御用達の地域にある

ゼッター
The Zetter

おすすめポイント
おしゃれな家具や古いペーパーバックなどで個性的に演出されている。

清潔な感じのゲストルームは、明るい吹き抜けのコーナーとらせん階段でつながっている。ここの北側とマリルボンにもタウンハウス式の姉妹ホテルがある。

Map 別冊P.12-A3 クラーケンウェル

🏠St. John's Sq., 86-88 Clerkenwell Rd., EC1M 5RJ
☎020.7324 4567 💴ダブル£199～ ツイン£249～
（朝食別・税別） Card A.M.V. 🚇➡Farringdonより
徒歩7分 URL www.thezetter.com

憧れのブティックホテルで過ごす

セント・マーティンズ・レーン
St. Martins Lane

何をするにも便利な場所にある、ロンドン初のブティックホテル。セレブが訪れるというレストランも併設。

Map 別冊P.17-C2 ウエストエンド

🏠45 St. Martins Lane, WC2N 4HX ☎020.7300 5500
💴スタンダードルーム£327～（朝食別・税とサービス料別） Card A.M.V.
🚇➡Leicester Sq.より徒歩5分 URL www.stmartinslane.com

おすすめポイント
アフタヌーンティーも楽しめる。キッチンを備えたアパートメントも。

アートなラウンジで滞在を楽しむなら

シティズンM
Citizen M

おすすめポイント
地下鉄駅の上だから超便利！ ラウンジがいくつもあって使い勝手がいい。カフェバーは24時間オープン。

アートギャラリーそのものなラウンジがすてき

PCも使い放題

ベッドが部屋の半分を占める狭さだがとても機能的

ラウンジの居心地がいい！

1階にはポップなテイストの「リビングルーム」がいくつもある

photo：©Richard Powers

ファッション業界にいた創業者がビジネスホテルの味気なさに嫌気がさし、アートで手頃な宿を造ってしまった。名前のMは「モバイル」。携帯テクノロジーを活用して旅を楽しむ、モバイル市民のための宿というわけ。

Map 別冊P.19-D2 シティ

🏠40 Trinity Sq., EC3N 4DJ
☎020.3519 4830 🛏️£136.68〜（混み具合によって変動） 全室キングサイズのダブル（朝食別・税込み）**Card** A.M.V.
🚇Tower Hillより徒歩1分 **URL**www.citizenm.com/hotels/europe/london

開放的な大きな窓、壁のイラストもセンスがいいダイニングルーム

おすすめポイント
混雑状況により早めに予約を入れると比較的リーズナブルに。インターネット予約がメインだからサイトで要チェック。

ホクストン・
ショーディッチ
The Hoxton Shoreditch

アーティスト気分でイーストエンドに滞在

インテリアは今どきのスタイルにまとめられている

ロンドン市内にたくさんあるサンドイッチチェーン店「プレタ・マンジェ」のオーナーが経営する、ファンキーでユニークなホテル。イーストエンドにあってはやりのクラブも近いから夜遊び派にも向いてるかも。

Map 別冊P.13-C2
イーストエンド

🏠81 Great Eastern St., EC2A 3HU ☎020.7550.1000 🛏️ダブル・ツイン£219〜（朝食別・税別）**Card** A.M.V. 🚇Old St.より徒歩7分 **URL**www.thehoxton.com

プレミア・イン・
ケンジントン
Premier Inn Kensington

比較的安くて安心な宿なら

おすすめポイント
ヒースロー空港から地下鉄一本で行くことができる魅力的な立地。

ロンドン市内にいくつもあるチェーンホテル。どの部屋も同じ造りで清潔、というのがウリ。オンライン予約がお得。

Map 別冊P.20-A2
アールズ・コート

🏠11 Knaresborough Pl., SW5 0TJ ☎0333.321 1268 🛏️£127〜（朝食別・税別）**Card** A.D.M.V. 🚇Earl's Courtより徒歩5分 **URL**www.premierinn.com

リピーターが多い宿
アロスファ
AROSFA

ジョージアン様式の建物

1. ジョージアン様式の建物の一角がホテルになっている
2. 目の前にある公園を見渡すことができる部屋も
3. 朝食を取る部屋

シックな内装だね

1. 部屋は落ち着いたイメージ。ツインルームのほかファミリールームもある　2. ロビー兼バーもある

大英博物館近くのガワー通りにはB&Bが並ぶが、宿の質はピンキリ。ここは質素だがモダンなインテリアで人気が持続。

Map 別冊P.10-B3
フィッツロヴィア

- 🏠83 Gower St., WC1E 6HJ
- ☎020.7636 2115　(料)シングル£99〜　ダブル・ツイン£152〜（朝食別・税込み）**Card** A.M.V.
- ⓜ🚇Goodge St.より徒歩5分
- URL arosfalondon.com

閑静な住宅街にある
ハーリングフォード・ホテル
HARLINGFORD HOTEL

弓なりになった通りにあり、目の前の公園を散歩することもできる。大英博物館まで徒歩圏内で、ロケーションは抜群。

Map 別冊P.11-C2　ブルームズベリー

- 🏠61-63 Cartwright Gardens, WC1H 9EL
- ☎020.7387 1551　(料)シングル£115〜　ダブル£125〜　ツイン£160〜（朝食別・税込み）
- **Card** M.V.　ⓜ🚇Russell Sq.より徒歩5分
- URL www.harlingfordhotel.com

コスパ◎な
B&Bをお望みなら

B&B（ベッド＆ブレックファスト）は小規模な宿。ヴィクトリア駅、アールズ・コート駅、パディントン駅周辺などにB&B街がある。

シンプル＆クリーン！

1. デスクなどもあるスーペリアルーム　2. シャワーやトイレはコンパクトにまとまっている

中長期滞在にもいい
ヴィンセント・ハウス
VINCENT HOUSE

ポートベロー・マーケットに行くのにも便利。テラスやラウンジがあり、朝食はビュッフェのイングリッシュ・ブレックファスト。

Map 別冊P.24-B2
ベイズウオーター

- 🏠5 Pembridge Sq., W2 4EG
- ☎020.7229 1133　(料)シングル£119〜　ダブル・ツイン£159〜（朝食付き・税込み）長期滞在者割引あり　**Card** M.V.
- ⓜ🚇Bayswaterより徒歩5分　URL www.vincenthouselondon.com

夕食もとれるし、ミニコインランドリーもあるので中長期滞在にも

1. 必要な設備は揃っているシングルルーム
2. ケンジントン・ガーデンズに面している

1954年創業の家族経営の小規模な宿。インテリアはシンプルモダン。Queens Wayなど周辺にはレストランやスーパーもあり便利。

公園の緑に癒やされる〜

緑が多い公園に面した
ガーデン・コート
GARDEN COURT

Map 別冊P.24-B2
ベイズウオーター

- 🏠30-31 Kensington Gardens Sq., W2 4BG
- ☎020.7229 2553　(料)シングル£142.48〜　ダブル£167.62〜　ツイン£192.77〜（朝食別・税込み）**Card** M.V.
- ⓜ🚇Bayswaterより徒歩5分
- URL www.gardencourthotel.co.uk

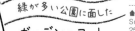

2

おしゃれ！

ロンドン暮らしができる

暮らすように滞在できる
フラットタイプのホテル。現地の食材を
利用して料理ができるのが
ポイント。

暮らすみたいに過ごしたい

マーリン・アパートメント
Marlin Apartments

シャードが
見えちゃう！

1.リビングルームからの眺めは最高
2.頂上のペントハウスも人気（電話予約のみ）3,4.リビングとワンベッドルームタイプの寝室

リビングも
広々して777
いいなぁ

①

4

広々としたリビングやバルコニーから、ロンドンの夜景をエンジョイ。マーケットで買った総菜を温めたり、調理したり。自分の家より快適で帰りたくなくなる！ ワンベッドルーム以上は、リビングにソファベッドもあるので何人かで泊まるとお得。

Map 別冊P.7-D3 バラ

♠34 Long Lane, SE1 4NA ☎020.7378
2100 総合問い合わせ020.7378 4840 ㋹スタジオ£144〜 Wi-fi無料 早割・長期滞在料金あり
㋻㋴Boroughより徒歩3分 URL www.marlin.com
予約はウェブサイトがらがベスト

紹介したのはシャードから近いエンパイア・スクウェア。ほかに6件ある

HOW TO STAY
暮らすための
アレコレご紹介

トースターや紅茶も

水切リボウル

まな板と包丁

食器類も充実

食洗機、
洗濯機も完備

お鍋の種類も
多数

栓抜きやワインオープナー

日本から持っていくといいもの
調味料：必要なものは近くのスーパーで買えるが醤油などは小分けにして日本から持っていくのが◎。
ラップ：食べきれなかった食材を保存するのにあると便利。
箸：スプーンやフォークだと食べづらい料理もある。使い慣れているお箸を持参するといいかも！

アールズ・コートのB&B街はヒースロー空港から地下鉄直通で行けます。（千葉県・ミミ）

初めてでも
心配ナシ！

安全・快適
旅の基本情報

知っておくといいことって何にでもあるよね。
わかっていたほうが、安心して旅を楽しめる。
出発前の準備から、ロンドンに着いたあとのコトまで。
トラブル例もあるから、ちょっとだけマジメに読んでみて！

INFORMATION

aruco的 おすすめ旅グッズ

「どんなものを持っていこうかな♪」……そう考えるだけでワクワク、すでに旅はスタートしてる。
arucoでは必需品以外にも、女子旅をより楽しく、快適にするための便利グッズを
ロンドンツウのスタッフが厳選してご紹介。ぜひ参考にして、旅をパワーアップさせてね。

旅のお役立ちアイテム

□ 折りたたみ傘

年間を通じて、にわか雨が降ったりやんだりという日も多いので、折りたたみ傘をバッグにしのばせておくと安心。

□ シャンプーとリンス

中級クラス以上のホテルなら置いてあるところが多いが、シャンプーしかない場合も。イギリスの硬水で洗うと髪がゴワついたり、香りや刺激が強いものもあるので、気になる人は持っていって。

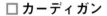

□ カーディガン

航空機内のほか、夏場でも特に朝晩は寒さを感じることがあるので、長袖の羽織るモノを用意しておこう。にわか雨が降ることも多いので、フード付きのものもいい。

□ 折りたたみバッグ

スーパーでは買い物袋は有料が当たり前。マーケットでの買い物など、いろんなところで役立つから、いつもバッグに入れておくと便利。

eco. bag

□ スカート

ドレスコードがスマートカジュアルというレストランに行くときや、少しおしゃれして観劇を楽しみたいときに、スカートが1枚あると大活躍。

□ スリッパ

ほとんどのホテルにスリッパは常備されていない。ホテルの部屋では、靴を脱いでリラックスしたいもの。シャワーのあとなどにも、やっぱりスリッパがあるといい。

機内手荷物のアドバイス

日本からロンドンまでは直行便で約12時間。機内は乾燥しているのでクリームがあるといい。化粧水はすぐ気化してしまうので、かえってガサガサになることも。保湿マスクも効果大。スリッパやショール、歯ブラシなどリラックス＆リフレッシュグッズも忘れないで。

※スプレーやまゆバサミはスーツケースに入れてね

`機内持ち込み制限についての詳細はP.176をチェック！`

基本の持ち物チェックリスト

貴重品
- □ パスポート
- □ 現金（ポンド、円）
- □ クレジットカード
- □ eチケット控え
- □ 海外旅行保険証書

洗面用具
- □ シャンプー、リンス
- □ 歯磨きセット
- □ 洗顔ソープ
- □ 化粧水、乳液
- □ タオル

衣類
- □ 普段着、おしゃれ着
- □ 靴下、タイツ
- □ 下着、パジャマ

その他
- □ 常備薬
- □ 生理用品
- □ 筆記用具
- □ スマホ
- □ 目覚まし時計
- □ 雨具
- □ マスク

- □ カメラ
- □ 電池、充電器
- □ 変圧器、変換プラグ
- □ スリッパ
- □ サングラス
- □ 裁縫道具
- □ プラスチックのスプーン、フォーク、箸

9〜10月のロンドンは気温が不安定なので重ね着できるようにするといいです。（千葉県・レモン）

知って楽しい！ロンドンの雑学

これから旅する国の歴史や文化、習慣など、ちょっぴりカタく思うかもしれないけれど、
出発前にほんの少～し勉強していくだけで、観光はもちろん、
買い物や食事をするときの現地の人々とのコミュニケーションも
ぐんと楽しくなっちゃうこと間違いなし！

イギリスの基礎知識メモ

正式 国名 グレート・ブリテンおよび北アイルランド連合王国
The United Kingdom of Great Britain & Northern Ireland

国旗 ユニオンジャック
UNION JACK

人口 約6703万人（'21）。日本の約2分の1

国歌 神よ王を守り給え
God Save the King

面積 約24万2509km²。日本の約3分の2

首都 ロンドンLondon
人口約880万人（'21）

政体 立憲君主制 議院内閣制

元首 国王チャールズ3世
Charles III

民族 アングロ・サクソン系、ケルト系、スコットランド系、ウェールズ系のほか、インド系、アフリカ・カリビアン系、アラブ系など

宗教 キリスト教が多く、仏教、無宗教、イスラム教、ヒンドゥー教、シーク教、ユダヤ教など。

言語 英語が主。ウェールズ語、ゲール語（スコットランド、北アイルランドの一部）も使われる。

ロンドンの歴史年表

ロンドン発祥～ローマ時代 紀元前1世紀～4世紀頃
ロンドンの始まりは、ロンドン塔があるシティのあたり。テムズ河に橋をかけるのにちょうどよい幅がこのあたりだったという。
ロンドンウオールはシティに残るローマ時代の城壁

中世のロンドン 5世紀～13世紀頃
アングロ・サクソン人、デーン人など、さまざまな民族が移動してきた時期。マグナカルタの調印により議会が発展し始める。
オックスフォード大学、ケンブリッジ大学が創立される

ランカスター朝～後期スチュアート朝 14世紀～16世紀頃
エリザベス1世の時代に黄金期を迎える。この頃、シェイクスピアをはじめとする、イギリスのルネサンスが花開いた。
ハンプトン・コート・パレスはチューダー朝の代表的な建築

産業革命が始まる 17世紀～19世紀頃
「7つの海を支配する」といわれた大帝国が築かれる絶頂期。工業生産、貿易、金融など、あらゆる分野で世界の中核に位置する存在となる。
世界初の郵便制度ができ、鉄道や地下鉄も開通

斜陽の老大国 20世紀頃
絶頂期を過ぎ、植民地やアイルランドの独立なども相次ぐ。第2次大戦で勝利はしたものの、大きな被害と莫大な借金を背負うことになる。

福祉国家の改革に着手 20世紀後半
初の女性首相サッチャー政権が誕生し、経済の活性化に成功。ミレニアム・プロジェクトにより、続々と新しい建築物が誕生した。
ミレニアム・ブリッジ、テート・モダン、ロンドン・アイなど新名所が生まれた

ロンドンのおもなイベントカレンダー

1月 ロンドン・パレード（1日）
多くのパフォーマーがロンドン市内を練り歩く

1or2月 チャイニーズ・ニュー・イヤー・セレブレーション（'23年1月22日）
チャイナタウンがあるソーホーなどで新年のお祝いが行われる

3月 セント・パトリック・デイ（'23年は12日）
アイルランドのお祭りがロンドンでも。週末にはパレードやイベントが開催される

4月 ロンドンマラソン（'23年は23日）
中心部の観光地もルートになっている

5月 チェルシー・フラワー・ショー（'23年は23～27日）
王立園芸協会主催のフラワーショー。ロンドン、チェルシーにて

6月 国王の誕生日式典（'23年は17日予定）
ただし国王の本当の誕生日は11月14日

7月 ウィンブルドン国際テニス選手権大会（'23年は3～16日の予定）

7月 ヘンリー・ウッド・プロムナード・コンサート（'23年は14日～9月9日の予定）
通称「プロムスProms」。クラシックが手頃な料金で楽しめる。ロイヤル・アルバート・ホールなどで開催

8月 ノッティング・ヒル・カーニバル（'23年は27～28日）
リオのカーニバルの小型版。ロンドンに移り住んだカリビアンたちが始めたお祭り。地下鉄ノッティング・ヒル・ゲイト駅周辺にて

11月 ガイ・フォークス・ナイト（5日前後）
国会議事堂に火をつけようとして捕らわれたガイ・フォークスの事件にちなんで、各地で花火大会が開催される

11月 ロード・メイヤーズ・ショー（'23年は11日）
シティの市長就任を祝うパレード。パレードで道が閉鎖されることもあるので注意。

12月 クリスマスツリー（上旬～下旬予定）
トラファルガー広場には新年に向けて多くの人々が集まる

12月 ニュー・イヤーズ・イブ（31日）
大晦日にはテムズ河沿いで花火大会が開催される

イギリス入出国かんたんナビ

いよいよイギリス到着！　あれもしたい、これもしたいと思うけど、ちょっと待って。冷静に入国審査に挑もう。出国日の前には、重量オーバーにならないよう、荷物の整理も忘れずに。

空港には2時間以上前に着こう！

市内への移動手段についてはP.179を参照

日本からロンドンへ

簡単にできるよ！

ヒースロー空港の自動化ゲートでは、手順を示す動画があるので、そのとおりにすれば大丈夫

① ロンドン到着
「Arrivals」の案内板に従い入国審査場へ

↓

② イギリス入国審査
日本のIC旅券保持者は自動化ゲートが利用できる（例外もあるので右記確認）。パスポートの顔写真が付いたページを指定の場所に置き、上部の顔認証画面を見て認証されれば、ゲートが開く。入国印が必要な場合は、有人の入国審査カウンターで相談を

↓

③ 荷物の受け取り
「Luggage」の表示に向かい、到着便名が表示されたターンテーブルから機内預け荷物を引き取る。紛失Lost Baggageや破損があった場合は、係員にクレームタグ（引換証）の半券を見せて交渉を

↓

④ 税関審査
課税対象の物品（右表）を持っている場合は赤の「Declare」、申告する必要がない場合は緑の「Not Declare」へ

↓

⑤ 到着ロビー
ツーリストインフォメーションや両替所、レンタカーカウンター、カフェ、レストランなどもある。市内への移動手段についてはP.179を参照

自動化ゲートを使えない場合
2019年5月より、日本を含む7ヵ国の入国者が自動化ゲートを利用できるようになった。入国カードの提出も廃止されている。利用対象者は18歳以上（12〜17歳は大人と同伴の場合利用可能）で、ICチップ搭載の旅券または生体認証情報を保持した旅券所持者。
また下記に当たる場合も有人審査カウンターで入国印をもらう必要がある。
1. 滞在予定が3ヵ月未満のTier 5の滞在資格の方
2. 滞在予定が1ヵ月未満の専門的職業での滞在資格の方
詳細は下記ウェブサイトなどで確認を
URL www.gov.uk/government/news/government-expands-use-of-epassport-gates-to-7-more-countries

イギリス入国時の免税範囲（EU以外の国から入国する場合）

品名	内容
酒類	17歳以上のみ。無発泡ワイン18ℓ、ビール42ℓおよび22度を超えるアルコール飲料4ℓ。22度以下なら9ℓ
たばこ	17歳以上のみ。紙巻き200本、または葉巻50本、または細い葉巻100本、または刻みたばこ250g、または電子たばこ200本まで
通貨	持ち込みは無制限。ただし€1万以上の多額の現金など（ユーロ、その他の通貨、小切手など）を持ち込む際は申告が必要
そのほか	ひとりにつき£390相当の品物（香水、おみやげを含む）

荷物について

ミニ単語帳

入国審査
Passport Control

入国審査
immigration

両替所
exchange

★機内預け荷物重量制限

エコノミークラスなら、全日空、日本航空は23kg2個までの荷物を無料で預けることができる。制限重量を超えると超過料金を払うことになるので、特におみやげの増えた帰国時は要注意。

★機内持ち込み制限
おもな制限は次のとおり。必ず預け入れ荷物のほうへ。
刃物類（ナイフ、はさみなど）：持ち込み不可　喫煙用ライター：ひとり1個のみ（預け入れ荷物に入れるのは不可）　予備用リチウムイオン電池：ひとり2個まで（預け入れ荷物に入れるのは不可 ※バッテリーの種類や容量による）　液体物：容量制限あり※ 100mℓ以下の容器に入った液体物（ジェル類、エアゾール類含む）で、容量1ℓ以下（預け入れ荷物に入れるのは不可）　機内に持ち込める手回り品のほか、3辺の和が115cmを超えず、55×40×25cm以内、10kg以下のもの1個。

ヒースロー空港にはショップがたくさんあり、おみやげも買えました。（千葉県・MT）

 ロンドンから日本へ

① チェックイン

利用航空会社のチェックインカウンターへ。e
チケット控えとパスポートを提示し、搭乗券
を受け取る。預け入れ荷物を預け、クレーム
タグ（引換証）をもらう。刃物やとがった金
属類は預け入れにすること

↓

② セキュリティチェック

機内持ち込み手荷物のX線検査とボディ
チェックなどがある

↓

③ 出国エリアへ

ヒースロー空港内はブランド店が充実して
いるので、手元に残った英国ポンドを使い
切ってもいいし、両替カウンターで日本円へ
の再両替も可能

↓

④ 搭乗

案内板などで搭乗時刻をチェックし、余裕
をもって出発ゲートへ。搭乗前にはパスポー
トと搭乗券を提示して機内に乗り込む

↓

⑤ 到着

税関審査では、機内で配られた「携帯品・
別送申告書」を提出。別送品がある場合
は2枚必要。提出後は到着ロビーへ
Visit Japan Webは、日本入国時の手続き
「入国審査」、「税関申告」をウェブで行う
ことができるサービス。必要な情報を登
録することでスピーディに入国できる。
URL vjw-lp.digital.go.jp

※順序や手順・方法は、空港やターミナル
などにより異なることもある。また、チェッ
クインや荷物預けは自動化（セルフサービ
ス）されている場合もある

空港のショップ

ヒースロー空港でチェック
イン後、高級ブランドを含
む免税ショップがたくさん
並んでいる。興味がある人
は時間に余裕をもって空港
へ向かおう。

携帯品・別送品申告書記入例

A面

B面

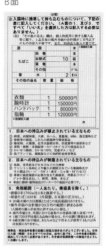

厳しいセキュリティチェック

1. 上着を全部脱ぐ。2. パソコンなどの電子
機器はかばんから出してトレイに入れる
3. 腕時計や携帯電話、ベルトなど金属製の
ものは体から外す。
靴を脱ぐこともある。チェックに時間がか
かることも多いので、空港へは時間に余裕を
もって行くこと。

日本入国時の免税範囲　税関 URL www.customs.go.jp

品名	内容
酒類	3本（1本760㎖程度のもの）
たばこ	紙巻たばこのみ200本、葉巻たばこのみ50本、加熱式た ばこのみ個装など10個（1箱あたり紙巻たばこ20本相当）、 そのほかのたばこのみ250g。総重量は250gまで
香水	2オンス（1オンスは約28㎖。オードトワレは含まれない）
その他	1品目1万円以下、合計20万円以内のもの（海外市価の合計額）
おもな 輸入禁止 品目	・麻薬、向精神薬、大麻、あへん、覚せい剤、MDMA ・けん銃類の鉄砲　・爆発物、火薬類 ・貨幣、有価証券、クレジットカード等の偽造品、 偽ブランド品、海賊版等

※免税範囲を超える場合は追加料金が必要。海外から自分宛に送った荷物は別
送品扱いになるので税関に申告する。

空港から市内へ

ロンドンと近郊には5つの空港がある。
空港からのアクセス方法や所要時間、料金もいろいろ。
安さを取るか、早さを取るかはアナタ次第。

いよいよ
到着だね

けっこう歩くよ
空港は

空港案内

日本からの直行便はここに

● ヒースロー空港
Heathrow Airport

ブリティッシュ・エアウェイズや日本航空、全日空といった、日本からの直行便が発着する空港。ターミナルは5つあり、日本からの直行便が発着するのはターミナル2とターミナル3とターミナル5。利用する航空会社によって、どこに発着するか異なるので気をつけよう。
URL www.heathrowair
port.com

交通の
インフォメーション
と合体してるよ

ヒースロー・エクスプレスが
着くパディントン駅

まずは、インフォメーションで情報を手に入れるのもいい

ヨーロッパ線や国内線はこちら

● ガトウィック空港
Gatwick Airport

ロンドンの南（中心部から約44km）に位置する空港。ヨーロッパ大陸への便などが発着する。

● ルートン空港
Luton Airport

ロンドンの北西（中心部から約50km）に位置し、イギリス国内線やヨーロッパ各国へのフライトが多い。

● スタンステッド空港
Stansted Airport

ロンドンの北東（中心部から約55km）にあり、イギリス国内線やヨーロッパ各国へのフライトがメイン。

● ロンドン・シティ空港
London City Airport

ロンドン中心部に最も近い空港（中心部から約12km）。ヨーロッパなどへの近距離フライトがメイン。

スタンステッド空港からの列車が着くリヴァプール・ストリート駅

ヒースロー空港発着ターミナル

Terminal 1
工事のため閉鎖中。

Terminal 2
全日空を含むスターアライアンス系、ユナイテッド航空、ルフトハンザなど。

Terminal 3
日本航空、エミレーツ航空、フィンエア、キャセイ・パシフィック航空、デルタ航空など。

Terminal 4
KLMオランダ航空、エールフランス、大韓航空など。

Terminal 5
日本への便を含む、ブリティッシュ・エアウェイズの多くのフライト。

発着ターミナルは変更もあるので要確認。ヒースロー空港のウェブサイトでも確認できる。

地下鉄でも注意！
ロンドンの地下鉄はストや工事で、止まることもある。改札付近の掲示板をよく見ておこう。特に週末は要注意。空港へは時間に余裕をもって移動しよう！

空港からのエリア別アクセス

空港から市内への公共交通機関は、鉄道、地下鉄、ナショナル・エクスプレスなどの空港バス。荷物の量、人数、料金、時間などを考えて、自分に合ったものをチョイスしよう。

ヒースロー・エクスプレス
Heathrow Express

ガトウィック・エクスプレス
Gatwick Express

地下鉄
Underground

空港アクセス案内

空港名	アクセス方法と特徴	内容(所要時間、片道料金)
ヒースロー空港	**鉄道（ヒースロー・エクスプレスHeathrowExpress）** とにかく早く着きたい！という人はコレ	パディントン駅まで15分 🎫£25〜32
	鉄道・地下鉄（エリザベス・ライン Elizabeth Line） ヒースロー・エクスプレスより安く、まあまあ早い	パディントン駅まで30分 🎫£12.20〜
	地下鉄ピカデリー・ライン 時間はかかるが、お値打ちなのが魅力	ピカデリー・サーカス駅まで50分 🎫£5.60〜6.70
ガトウィック空港	**鉄道（ガトウィック・エクスプレスGatwick Express）** ノンストップで早くてラクラク	ヴィクトリア駅まで30〜35分 🎫£18.50〜31.10
	空港バス（ナショナル・エクスプレス） 時間はかかるが、お値打ちなのが魅力	ヴィクトリア・コーチ・ステーションまで1時間5〜30分 🎫£11〜
スタンステッド空港	**鉄道（スタンステッド・エクスプレスStansted Express）** ノンストップで早くてラクラク	リヴァプール・ストリート駅まで45分　🎫スタンダードクラス£19.40
	空港バス（ナショナル・エクスプレス） 時間はかかるが、お値打ちなのが魅力	ヴィクトリア・コーチ・ステーションまで1時間30分　🎫£8〜
ルートン空港	**鉄道（ナショナル・レイル）** ノンストップで早くてラクラク	セント・パンクラス駅まで25〜50分　🎫スタンダードクラス£16.50〜40.20
	空港バス（ナショナル・エクスプレスまたはグリーン・ライン） 時間はかかるが、お値打ちなのが魅力	ヴィクトリア・コーチ・ステーションまで1時間40分　🎫£11〜
ロンドン・シティ空港	**ドックランズ・ライト・レイルウエイ** オフピーク時間帯に交通カードを使えば£3に	バンク駅まで25分 🎫£3〜6.70

ロンドンの市内交通

ロンドンは通称チューブTubeと呼ばれる地下鉄や
バスが発達しているので、移動はこのふたつのお世話になれば大丈夫。
交通パスさえ手に入れれば、乗り方も日本とあまり変わらず簡単。

何に
乗ってく？

市内の交通機関

● このふたつを使えばロンドンの町は自由自在

地下鉄
Underground

バス
Bus

ゾーンに注目

大ロンドンGreater London内の料金区分は、9つの
ゾーンに分けられている。ロンドン中心部の見どころ
は、ゾーン1内に集中しているので、観光だけならゾー
ン1内のチケットで行けるところが多い。中心部から
少し離れた場所に行く際は、ゾーンの確認を。

ゾーンの
区分けは　→ 別冊P.2

ロンドン交通局 URL www.tfl.gov.uk

コンタクトレスのカードも便利！

コンタクトレスペイ（タッチ決済）機能
付きのクレジットカードやデビットカー
ドがあれば、オイスターのように改札や
バスでカードをタッチするだけの使い方
ができる。オイスターを作る手間と手数
料がなく、料金などもほぼ同様。ただし
盗難には注意。

レッツ
ゴー！

便利な交通パス

● オイスター
Oyster

必要金額をチャージする
pay as you goと呼ばれ
るプリペイド方式のほ
か、7日以上のトラベル
カードなどをチャージす
るためにも必要。1日の
上限金額が決まってお
り、それ以上は運賃がかからない。つまり、上限金額で乗り
放題となり、現金で切符を買うより割安になる。新規発行に
は、手数料として£7が必要。

● トラベルカード
Travelcards

期間とゾーンを限定した
乗り放題のチケット。短
期旅行者向きの紙チケッ
ト1日版「Day」のほか、
7日版「7Day」（オイス
ターにチャージ）もある。
7日以上のものは、シー
ズン・チケッツと呼ばれる定期券のような扱いで、1ヵ月や1
年もある。ゾーンによっては終日使えるタイプのものとオフ
ピーク時のみのもので料金が違う。

ミニ会話

近くの地下鉄駅はどこですか？
Where is the nearest underground station?

券売機の使い方がわからないのですが。
I don't know how to use this machine.

地下鉄の路線図をください
May I have a Tube map?

オックスフォード・サーカスへはどうやって行けばいいですか？
How can I get to Oxford Circus?

北方面行きのプラットフォームはどこですか？
Where's the north bound platform?

毎日上限額以上使うなら6日間でもゾーン1～2の7日用のトラベルカードのほうが得です。（東京都・さくら）

切符の買い方

紙の切符もオイスターの新規作成も自動券売機で。
トップアップの画面で7日間以上のトラベルカードをオイスターに入れることも可能。

バスは交通パスとカードのみ
バスの料金は、交通パスやコンタクトレスカードでの支払いのみ。乗車時に現金で支払ったり、切符を購入することはできないので、バスに乗る際は交通パスやカードを事前に用意しておこう。

① オイスター作成と切符購入

左側は切符購入、右側がオイスターカードの新規作成。トップアップ top-up（チャージ）の場合は、この画面でボタンを押す必要はなく、黄色く丸い読み取り機にカードを当てる。日本語表示に変更もできる。

② トップアップの方法

Current Balanceが残額。チャージしたい金額のボタンを選ぶか、Other amountを押して金額を指定する。No change givenと表示された券売機ではおつりが出ないので注意。

③ 支払い方法

指定したチャージ金額を確認し、カードか現金で支払う。Print receiptのボタンを押せばチャージ金額のレシートを出すこともできる。最後にもう一度黄色の読み取り機にカードを当ててチャージ完了。この操作を忘れずに。

※券売機のタイプによって画面や手順などが異なる場合もある

ロンドンの市内交通

地下鉄料金表

Zone区分	オイスター使用（1回分）		現金購入の通常切符	オイスターの1日上限額	デイ・トラベルカード	セブン・デイ・トラベルカード
	ピーク料金	オフピーク料金				
Zone 1 を含む料金						
Zone1のみ	£2.80	£2.70	£6.70	£8.10	£15.20	£40.70
Zone1-2	£3.40	£2.80	£6.70	£8.10	£15.20	£40.70
Zone1-3	£3.70	£3	£6.70	£9.60	£15.20	£47.90
Zone1-4	£4.40	£3.20	£6.70	£11.70	£15.20	£58.50
Zone1-5	£5.10	£3.50	£6.70	£13.90	£15.20（オフピーク）	£69.60
Zone1-6	£5.60	£3.60	£6.70	£14.90	£15.20（オフピーク）	£74.40
Zone 1 を含まない料金						
Zones2-3	£2.10	£1.90	£6.70			
Zones2-6	£3.40	£2.10	£6.70			

地下鉄片道だよ

バス料金
オイスター使用で全Zone統一£1.75
バスとトラムの1日上限額は£5.25

どれにしよっかな？

※オイスターのピークは祝日を除く月～金6:30～9:30と16:00～19:00。トラベルカードのオフピークは月～金9:30～と土・日・祝の終日、および翌日4:29まで。ヒースロー空港～ゾーン1間はオフピーク料金なし。料金は'23年3月現在。例外などもあるので詳細はロンドン交通局のウェブサイトなどで要確認。

🚇 地下鉄 Underground

タイヤの中のチューブのようにどこで切っても丸いことから、
愛称 "Tube" で親しまれているロンドンの地下鉄。
世界一長い歴史を持っている。

Undergroundのこのマークが駅。
Subwayは地下通路のことなので注意

地下鉄の乗り方　料金はP.181

① 路線を探す

見やすい路線図が駅に置いてあるので、
これをもらって路線のチェックを。

ホームに
行くときは、
いつも表示を
よく確認して

→

② 改札、ホームへ

自動改札機に切符を挿入し、出てきた
切符を抜き取ると前方の扉が開くように
なっている。オイスターは上部の黄色い
丸にタッチ。路線名と自分の目的地が
東西南北のどの方向なのかを確認しな
がら進む。途中の分岐点に出てくる表
示板も確認を。

→

③ 乗車、降車

同じプラットホームを複数の路線が利
用していることもあるので、頭上の電光
表示と車両前方に表示されている行き
先を確認してから乗車。扉にはOpenと
書かれたボタンがあるが、だいたい自動
で開く。

オイスターは
ここにタッチ

入れた切符を
取らないと、
扉は開かないよ

④ 乗り換えの場合

乗り換えの場合は、次の路線の矢印に
従う。分岐点にある表示板を見ながら、
目指す路線のホームへ。

→

⑤ 出口

目的地に着いたら「Way Out」という表
示に従って歩き、再び自動改札機を抜
ければ無事到着。改札を出た所には、
駅周辺を紹介した小さな地図が設置さ
れている。

表示をたどって出口へ

🚆 鉄道 National Rail

郊外への足となるのはナショナル・レイル (NR)。
オペレーターと呼ばれる鉄道運行会社が集まり、
ナショナル・レイルと総称されている。

切符の買い方と割引制度

駅の窓口か自動券売機、ウェブサイ
トで購入。発着駅と乗車日時、片道
か往復かを指定する。路線によって
は、日時指定の事前予約 (Advance)、
混雑時刻以外の乗車 (Off-peak)、往
復 (Return) などの割引制度がある。
URL www.nationalrail.co.uk

鉄道の乗り方

① ホームを見つける

ターミナル駅では、プラットホームの案
内が出るのが発着時刻10分くらい前な
ど、直前のことが多い。出発ホームま
でかなり歩くこともあるので、表示板を
絶えず確認しよう。

→

② 改札

発車線番号が表示されたら、改札口を通
り、ホームに向かう。ターミナル駅の自
動改札機は地下鉄駅のものとほぼ同じ。
市内や近郊の駅ならオイスターやコンタ
クトレスカードも使える。

→

③ 乗車、降車

ファーストクラスとセカンドクラスに分
かれているので、購入した切符の車両
に乗車。予約した場合は座席番号があ
るが、空いていれば、ほかの席に座っ
てもかまわない。

バス Bus

バス路線はロンドン中を網羅している。交通バスさえ持っていれば、気軽に使えるし、2階建てバスからの車窓も楽しみ！

路線の確認はどうする？

ロンドンのバス路線すべてを網羅する路線図はないが、ロンドン交通局のウェブサイトでは、各ルートの確認ができる。
URL www.tfl.gov.uk

バスの乗り方　料金はP.181

1 バス停で →

各バス停に設置された路線図を見て、自分の乗り場が通りのどの位置かを確認。バス停に貼られている時刻表で、時間もチェックしておこう。

2 乗車 →

バスが来たら、行き先を確かめ、手を真横に出して合図しよう。特に中心部では同じバス停にいくつもの路線が重なっているので注意したい。運転手にトラベルカードを見せるか、オイスターなら黄色い丸の部分にタッチする。現金払いや車内での切符購入はできない。

3 降車

車内の表示などで確認し、下車するバス停が近づいたら、いくつかある赤いボタンを押して知らせる。降車時はオイスターをタッチする必要はない。

トラファルガー広場の路線図

路線図をよく確認して

バス停上部のアルファベットで乗り場を確認

ロンドンの市内交通

 # ロンドンのタクシー Taxi

荷物が多いときや、夜遅くなったときはタクシーが便利。

何に乗ってく？

タクシーの乗り方

1 空車タクシーの探し方 →

屋根のランプと「For Hire」のランプが点灯していたら空車。走っているキャブを手を横に挙げて停めるか、キャブ乗り場へ。

2 乗り方 →

助手席の窓からドライバーに行き先を告げ、了承されたら自分でドアを開け乗車する。遠距離の場合、ひとり当たりの大まかな料金を確認しておくといい。

3 支払い

料金は席で支払うか、降りて助手席の窓から支払う。このとき、料金の10〜15%のチップを加えるのが習慣となっている。

タクシーの料金

● 最低料金

£3.80（基本料金で、平日5:00〜20:00なら190.8mまたは41秒走行）

● 特別加算

12月24日20:00〜12月27日6:00、12月31日20:00〜1月2日6:00はプラス£4。空港からロンドン市内へはプラス£3.60。このほかにも、乗車日や時間帯によって加算されることがある。

旅の便利帳

ロンドンの旅に必要なノウハウをぎゅぎゅっとまとめました。
旅の基本をきっちりおさえていれば、
イザというときに慌てないですむよね。

困ったときは
すぐ確認！

お金・クレジットカード

単位はポンド£（Pound、正しい発音は「パウンド」）とペンスp（Pence、単数形はPenny）。£1＝100p＝約164円（2023年4月現在）。紙幣は£5、£10、£20、£50の4種類、コインは1p、2p、5p、10p、20p、50p、£1、£2の8種類。これに加えてスコットランドでは£1紙幣も流通。

£5

£10

£20

イングランドの紙幣や硬貨の肖像は徐々にチャールズ国王に変わる

スコットランドや北アイルランドでは独自の紙幣を発行しているが、これらはイングランドでも通用する。ただし、日本では換金（円と両替）できないので注意したい。ロンドンではクレジットカードでの買い物が主流なので、スーパー、地下鉄の自動販売機など、さまざまな場所で使用可能。

クレジットカード

ホテルやレストラン、スーパーマーケット、地下鉄の自動販売機などでは、VISAやMasterなど国際ブランドのクレジットカードならばたいてい使える。大金を持ち歩くのはリスクが高いので、両替は最小限にとどめて、カードで支払うのが賢い方法。ロンドンでは暗証番号（PIN）が必要な場合が多いので、事前にカード会社に確認を。

キャッシュマシン(ATM)

ATMはキャッシュマシンと言うことが多い。空港や駅、町なかなど、いたるところにある。VISAやMasterなど国際ブランドのカードでポンドをキャッシングできる。出発前に海外利用限度額と暗証番号をカード会社に確認しておこう。もちろん、金利には留意を。

電話

レトロな電話BOX

公衆電話で使用できるのは、コインとクレジットカードのみ。コインしか使えない旧式のものと、クレジットカードとコインが使える新式のものがある。ホテルの部屋からかけると通話料に加えて手数料がかかるので非常に割高な場合が多い。日本への国際電話は、公衆電話からでもかけることができる。日本からイギリスへは、携帯電話からかける場合、国際電話会社の番号は不要。携帯電話からの利用方法やサービス内容は各社に問い合わせを。

日本からイギリスへ 〉〉〉

| 国際電話会社の番号 0033/0061 | ＋ | 国際電話識別番号 010 | ＋ | イギリスの国番号 44 | ＋ | 相手の電話番号 市外局番の最初の0は取る |

イギリスから日本へ 東京03-1234-5678にかける場合 〉〉〉

| 国際電話識別番号 00 | ＋ | 日本の国番号 81 | ＋ | 3-1234-5678 （固定電話・携帯とも最初の0は取る） |

現地での電話のかけ方 〉〉〉

ロンドンの市外局番は020
市内通話では不要（携帯電話からや020以外の特別局番は必要）

ロンドンでは、ほとんどの店でクレジットカードを使えます。（東京都・TT）

電源・電圧

イギリスの標準用電圧は220-240V、周波数は50Hz。コンセントは3つ又のBFタイプ。スイッチが付いているコンセントも多い。日本国内用の電化製品をロンドンで使う場合には、変圧器やアダプターが必要。持っていくドライヤー、パソコン、携帯電話やデジタルカメラの充電器などが、海外両用か変圧器が必要か必ず確認すること。

トイレ

町なかに無料のトイレは少なく、あったとしても地下だったりしてわかりづらい。美術館や博物館などの主要観光スポットには掃除の行き届いたトイレがあり、無料で使用できるので、こういうところで利用しておくといい。中心部の地下鉄駅にはトイレがないところも多いので要注意。また小さめのカフェにもトイレがない場合がある。

郵便

イギリスの郵便は「ロイヤルメイルRoyal Mail」と呼ばれる。営業時間は一般的に月～金曜9:00～17:30、土曜9:00～12:30（昼休みをとったり、土曜休業もある）。切手は郵便局のほか、ニュースエージェントでも購入可能。日本へのエアメールは、はがきおよび封書20gまで£1.85。小包は「スモール・パーセルSmall Parcel」が便利。

水

ロンドンの水道水は、そのまま飲んでも大丈夫。日本とは違って硬水なので、味が気になるようならミネラルウオーターを。炭酸なしの普通の水スティル・ウオーターStill Waterと、炭酸入りのスパークリング・ウオーターSparkling Waterとがある。レストランでは水道水Tap Waterを頼むこともでき、カフェ・レストランではセルフサービスの水道水が置いてあることも。

インターネット

Wi-fiに無料接続できるのはホテルのほか、パブや大型チェーンのカフェ、レストランなど。パスワードをもらって接続することもあるが、チェーン店では登録制もある。大型ホテルでは一部有料のこともあるが、ハイスピード接続のみ有料の場合も多い。Wi-fi接続が常時必要なら、日本から海外用のWi-fiルーターを持っていくのも手。

喫煙

アイルランドやスコットランドに次いで、2007年7月から、イングランド全域の公共の建物でも完全禁煙。違反者には罰金が科せられる。これにより、レストランやパブ、ショップ内、ホテルの公共スペースなどが禁煙に。喫煙ルームをなくした全面禁煙のホテルも増えている。パブやカフェの屋外テラス席なら喫煙は可能。なお、吸い殻のポイ捨ては罰金。

マナー

ロンドンを観光するときに、気をつけたいマナーがいくつかある。地下鉄など、エスカレーターで立つ場合は右側へ。列（キューque）に並ぶときには、窓口がいくつあっても1列に並び、順番がきたら空いた窓口へ向かうこと。ドアは、後ろから来る人のために押さえて待つこともある。博物館での写真撮影は、大部分がフラッシュ禁止なので、決められたルールを守って。そして、店に入るとき、何かを聞くときは、"Hello!"程度の簡単な言葉でいいから、ひと言のあいさつを忘れずに！

チップ

レストランやホテルなどの料金にサービス料が含まれている場合、チップは不要。サービス料金がない場合や、特別なことを頼んだときには感謝の気持ちとして12～15%くらいのチップを渡す。

休業日

イギリスではクリスマスから年末年始、イースター前後に休業する店や見どころが多い。特にクリスマスから新年にかけては、鉄道を含む交通機関も平常運行されないので要注意！

旅の安全情報

女の子同士、グループでワイワイ楽しく旅していると気も緩みがち。
日本にいるとき以上に、警戒アンテナをピンと立てることを忘れないで！
トラブルのパターンを知っておけば予防対策がより万全に。

注意してね〜

治安

ロンドンは、ヨーロッパのなかでも比較的安全といわれるが、それでも日本と比べたら注意が必要。スリ、置き引きには要注意。荷物は決して体から離さず、現金やカードなどを、あまり人目にさらさないように。ストリート・マーケットなど混み合う場所でのスリは、とても多いので注意したい。夜バスに乗るときは、人が少ない2階ではなく、運転手の近くに座るなど防衛策も工夫しよう。

病気・健康管理

普段は元気な人でも旅行中は、気候や環境の変化、食事の変化などで急に体調を崩すこともある。思わず食べすぎたり、買い物に熱中して歩きっ放しだったり。疲れをためないよう十分睡眠を取って、絶対に無理しないこと。風邪薬や胃腸薬などは使い慣れたものを日本から持っていこう。湿布類もあるといい。インフルエンザなど事前の海外感染症情報のチェックも欠かさないで。

海外旅行保険

ロンドンでけがや病気をして医者に診てもらうと全額自己負担になってしまう。海外旅行保険には必ず入っておこう。病気になったとき、日本語医療サービスのある海外旅行保険に加入していれば、サービスセンターに電話すれば対処してもらうのがいちばんいい。提携病院なら病院側も慣れているので、スムーズに対応してもらえて安心。補償内容や連絡先は前もって確認しておくこと。

こんなことにも気をつけて！

事前に手口を知って、トラブルはできるだけ避けよう

エピソード 1 ニセ警官に注意！

私服の警官を装って、クレジットカードの暗証番号を聞き出そうとしてしまいました。クレジットカードの暗証番号を教えるなんて、そんなことあり得ない！と思ったから、これはおかしいと思って逃げました。暗証番号を教えないから逮捕されるなんてことはないから、絶対教えちゃダメ。

(神奈川県・ゆっこ)

エピソード 2 撮影に夢中になっていてスマホを持っていかれた

あちこちでスマホを使って撮影していたら、突然スマホをひったくられてしまいました。気分も高揚していますし、隙があったのだと思います。盗難のなかで、携帯電話の被害がいちばん多いとのこと。チェーンを使ってバッグにくくり付けるなど、工夫が必要だと思います。

(千葉県・ヒロ)

エピソード 3 値段が上がり閉店など変更も多い

すっかりアフターコロナになっているロンドンですが、物価が高く感じられました。見どころなんかも、高い料金のところが多いです。また、人手不足も深刻で、営業時間が短縮されたり、不規則になることも。ショップやレストランの閉店も増えています。

(兵庫県・SK)

エピソード 4 オックスフォード・ストリートでひったくりに遭った！

たくさんの人が行き来する一大ショッピングストリートですし、こんな場所でまさか堂々とひったくられるとは思っていませんでした。夜ならまだしも、真っ昼間です。バイクが後ろから近づいてきて、あっという間にバッグを持っていかれました。注意して！

(茨城県・こうみ)

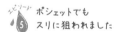

エピソード 5 ポシェットでもスリに狙われました

リュック（貴重品は入れてなかった）ではなく、たすき掛けにしていたポシェットが狙われました。引っ張られるような感じがしたので見ると、ファスナーが全開。その後はポシェットの上からカーディガンを羽織って正面に持ち、なるべく手をあてがうようにしました。

(広島県・yui)

エピソード 6 財布もパスポートも盗られてしまった(>_<)

人混みでバッグをひったくられました。大事なものをすべて入れていたので、とても困りました。特にパスポートは、日本国籍が確認できる書類を送ってもらったりして、たいへん手間がかかりました。現金やカードは分散させ、大切なものは持ち歩かないほうがいいです。

(東京都・さゆみ)

「機械が壊れているので、今日はクレジットカードが使えない」と言われたことも。現金も少しは必要です。(千葉県・クミ)

トラブル別 困ったときの
イエローページ

じたばた
じたばた

トラブル1 パスポートを盗られたら

まずはオンラインで警察に届け出て、在英国日本国大使館領事班で手続きを

パスポートの盗難に遭った場合（紛失の場合は日本大使館へ）、すぐに警察に届け出て「被害届受理証明書」を発行してもらうこと。オンライン申請のみ。[URL] www.met.police.uk/contact/af/contact-us-beta/contact-us/an-update/get-a-crime-reference-number　それを持って在英国日本大使館領事班に届け出て、新規発給または「帰国のための渡航書」の手続きをする。

パスポート新規発給、「帰国のための渡航書」発行の申請に必要なもの

☐ 現地警察署などが発行する被害届受理証明書

☐ 写真2枚（縦45mm×横35mm）

☐ 日本国籍が確認できる書類（戸籍謄本または
本籍地が記載された住民票。新規発給の場合、6ヵ月以内の戸籍謄本。
いずれもパスポートのコピーや運転免許証は不可）

☐ 旅程が確認できる書類（eチケットか航空会社からの搭
乗予約確認書など）
※申請の手数料は、申請内容により異なる。

トラブル2 事件・事故に遭ったら

すぐに警察や在英国日本国大使館領事班で対応してもらう

事件に巻き込まれたり、事故に遭ってしまったら、すぐに最寄りの警察に届けて対応してもらう。事件・事故の内容によっては在英国日本国大使館領事班に連絡して状況を説明し、対応策の相談を。

緊急連絡先

警察
999または112

在英国日本大使館領事班
[Map] 別冊P.16-A3
020.7465 6565

トラブル3 クレジットカードを紛失したら

カード会社に連絡して無効措置を依頼し、警察へ届け出る

クレジットカードを紛失したら、すぐにカード会社に連絡して無効手続きの処置を取ってもらうこと。盗難の場合は、現地警察で「被害届受理証明書」を発行してもらう（オンラインのみ）。

緊急連絡先 カード会社

アメリカン・エキスプレス **0800.866.668**
JCB **00.800.00090009**
マスター **0800.964.767**
ダイナース **81-3-6770-2796**（コレクトコールで）
VISA **+1-303-967-1090**（コレクトコールで）

トラブル4 病気になったら

緊急の場合は迷わず救急車を呼び、保険会社への連絡も忘れずに

病気になってしまったら、緊急の場合はすぐに救急車を呼ぶこと。日本語で対応してくれる病院もある。海外旅行保険に加入している場合は、保険会社のサービスセンターに連絡を。

緊急連絡先 救急・消防/病院

救急車 **999**または**112**
聖トーマス病院
St. Thomas'
Hospital **020.7188 7188**（24時間）
ロンドン医療
センター **020.8202 7272**

トラブル5 荷物を忘れたら

落とした場所により、届け出や問い合わせをする

地下鉄、ブラックキャブの落とし物は交通局に電話するかウェブサイトで届け出をする。駅構内だったら各駅のLeft Luggage Office、機内やヒースロー空港ならオンラインで確認を。

緊急連絡先 遺失物届け出など

ロンドン交通局 **0343.222 1234**
ヒースロー空港 **www.missingx.com**（落とし物リスト）
www.bagport.co.uk（届け出）

その他連絡先

保険会社
損保ジャパン **0120-08-1572**
AIG損保 **0800-89-5435**
東京海上日動 **0800-028-6560**

航空会社
ブリティッシュ・エアウェイズ **0344.493 0787**
日本航空 **0344.8569 777**
全日空 **0800.234 6842**

これで
安心だね！

旅の安全情報／イエローページ

ロンドン　ロンドン　郊外　ロンドン